Málkon Torres Rodriguez

Políticas de calidad en la Voz sobre IP

Málkon Torres Rodriguez

Políticas de calidad en la Voz sobre IP

Su aplicación en una Red Corporativa

PUBLICIA

Cover image: www.ingimage.com

Publisher:
PUBLICIA
is a trademark of
International Book Market Service Ltd., member of OmniScriptum Publishing Group
17 Meldrum Street, Beau Bassin 71504, Mauritius

Printed at: see last page
ISBN: 978-3-8416-8455-4

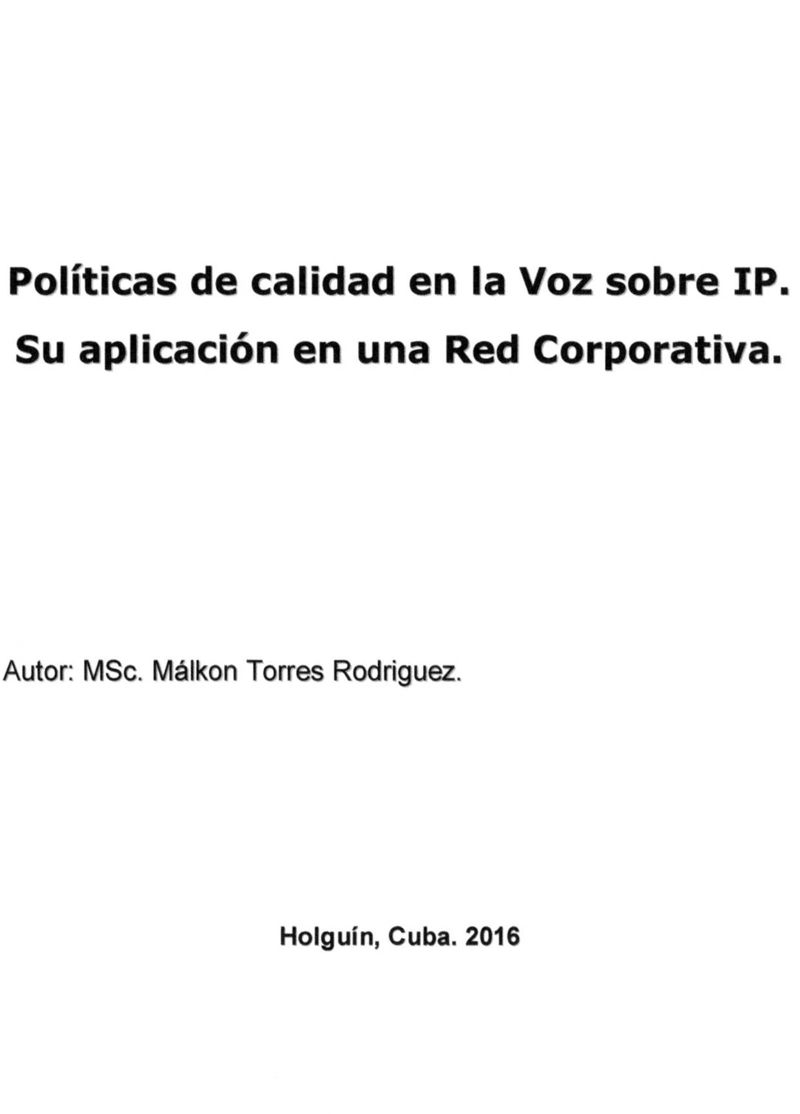

Políticas de calidad en la Voz sobre IP. Su aplicación en una Red Corporativa.

Autor: MSc. Málkon Torres Rodriguez.

Holguín, Cuba. 2016

ÍNDICE

INTRODUCCIÓN

La necesidad de comunicarse proviene desde el surgimiento del hombre en el mundo. Trasmitir sus pensamientos, sentimientos y necesidades a los semejantes fue siempre parte de la supervivencia, expresada a través de gestos, sonidos y señales.

Las comunicaciones entre los seres humanos se vieron revolucionadas con el surgimiento de las máquinas computadoras y la interconexión entre ellas posibilitó, además del envío de mensajes hablados, intercambiar sonidos, imágenes y otros tipos de señales. La explotación de estas redes trajo consigo la facilidad de una amplia gama de servicios de telecomunicaciones, tanto para compañías como para individuos y una variedad de recursos de información. Su empleo ha facilitado la organización del trabajo en las empresas y una mejor atención al cliente o usuario final.

Para las organizaciones en general, la comunicación de voz ha constituido una necesidad permanente desde los inicios de la telefonía. Las soluciones de comunicaciones brindadas a las empresas han evolucionado paulatinamente, desde la instalación de un único teléfono para toda una entidad a finales del siglo XIX, hasta los actuales sofisticados sistemas de comunicaciones.

Los primeros sistemas telefónicos empresariales automáticos fueron conocidos con el nombre de *Key Systems*, o Sistemas de Teclas. Estos sistemas electromecánicos, que comenzaron a difundirse en la década de 1920, consistían en conectar varias líneas urbanas a distintos botones o teclas de un mismo aparato telefónico (Joskowicz, 2004).

Este tipo de arquitectura, muy simple desde el punto de vista conceptual, comenzó a tener sus dificultades. A medida que las empresas crecían, necesitaban más líneas urbanas, lo que implicaba disponer de más teclas en los teléfonos. Con más de diez o doce líneas, estos sistemas se convertían en poco manejables, por lo que dejaron su lugar a las PBX (*Private Branch Exchange*, por sus siglas en inglés), o centralitas telefónicas. Las PBX centralizan en una caja las líneas urbanas y los teléfonos. Las primeras PBX eran sistemas electromecánicos, las modernas son digitales. La primera PBX con conmutación digital fue diseñada en

1972, por Northern Telecom actualmente Nortel Networks (Joskowicz, 2004). Las clásicas PBX digitales están dejando su lugar a nuevas arquitecturas de red, que prometen sistemas de comunicaciones de voz y datos totalmente integrados, como es el caso de la telefonía basada en el protocolo IP.

La telefonía IP o VoIP (*Voice over Internet Protocol,* por sus siglas en inglés) como es conocida además, viene a unir dos mundos que estaban separados: la transmisión de voz y la de datos, o sea permite la integración de voz y datos bajo una sola infraestructura (Lam, 2006). La misma vio la luz como el resultado del trabajo de un grupo de jóvenes en Israel en el año 1995. En aquella época la única comunicación posible era de computadora a computadora. Poco más tarde, Vocaltec, Inc. anunció el lanzamiento del primer softphone que llamaron "*Internet Phone Software*". Este softphone estaba hecho para ser usado en una computadora hogareña que tenía tarjeta de sonido, micrófono, parlantes y módem. El software funcionaba comprimiendo la señal de voz, convirtiéndola en paquetes de voz que eran enviados por Internet, exactamente igual que hoy. El software solo funcionaba si las dos computadoras tenían el mismo software y el mismo hardware. Comercialmente constituyó un fracaso, principalmente porque las comunicaciones de banda ancha todavía no estaban disponibles.

En 1998, VoIP dio otro gran salto. Un grupo de emprendedores comenzó a fabricar los primeros adaptadores telefónicos analógicos (ATA en lo adelante) para permitir las primeras comunicaciones de computadora a teléfono convencional y finalmente las primeras comunicaciones teléfono convencional a teléfono convencional con ATAs en cada extremo. Ya para el año 1999, Cisco vende sus primeras plataformas corporativas para VoIP.

En el año 2000, esta modalidad de telefonía representaba más del 3% del servicio de voz. El propio año, Mark Spencer, estudiante de la Universidad de Auburn, crea Asterisk, la primera central telefónica conmutador basada en Linux con una computadora hogareña con un código fuente abierto. Asterisk hoy ofrece una solución libre para hogares y pequeñas empresas con propuestas basadas en IP y PBX corporativas (Viegas y Correa, 2007).

En Cuba, como en el resto del mundo, la VoIP ha cobrado auge y las Fuerzas Armadas Revolucionarias han sido la avanzada en lo que a este tema se refiere, tomando esta tecnología de la mano para investigar y proveerse de soluciones que aminorasen los costos, manteniendo la calidad y la estabilidad de sus sistemas de telecomunicaciones.

Por otra parte, la Universidad Central "Martha Abreu" de Las Villas ha creado grupos investigativos para el estudio y creación de soluciones mediante la VoIP, además de fomentar el empleo de esta tecnología en la rama empresarial cubana.

Uno de los principales problemas que tiene la dirección de las organizaciones para la toma de decisiones es el flujo de la información, la rapidez y exactitud con que la misma llega a sus manos, sin mencionar el costo en que se incurre por este problema en la actualidad.

Una solución en parte a esta situación la constituye la implantación de la VoIP, que ha ido creciendo en demanda con relación a las ofertas que se encuentran en el mercado actual, por los altos niveles de satisfacción, funcionalidad, aumento de la productividad y reducción representativa en costos fijos con respecto a la telefonía tradicional.

La Empresa de Servicios de Telecomunicaciones a los Órganos de la Defensa (SERTOD) posee una red corporativa que facilita el trabajo de la administración en gran medida. Se explotan servicios tales como navegación (red nacional), mensajería electrónica y servicio de FTP. Además, dado el creciente desarrollo que en los últimos años ha tenido la tecnología VoIP, la empresa ha implantado un sistema de este tipo teniendo en cuenta las ventajas en lo que a servicios de comunicaciones se refiere. Sin embargo, aún se presentan dificultades, muestra de esto es:

- ✓ La administración de la empresa se ve imposibilitada de emplear el servicio de voz en toda su extensión, pues la calidad del mismo está por debajo de los parámetros requeridos para establecer conversaciones satisfactorias.
- ✓ Imposibilidad del desarrollo de audio conferencias para la realización de consejos de dirección entre las distintas Unidades Empresariales de Base territoriales, provocada, por la baja calidad del servicio de voz.

- ✓ La administración de la entidad presenta dificultades para utilizar simultáneamente los servicios de voz, navegación nacional, mensajería electrónica y servicio de FTP a causa del insuficiente ancho de banda y el rendimiento de la red corporativa.
- ✓ Insuficiente gestión de los parámetros de configuración de la red que definen inestabilidad en la calidad de los servicios de voz en la red corporativa de SERTOD.
- ✓ Afectación del pago de estimulación en pesos cubanos convertibles y moneda nacional causado por el sobregiro en los indicadores económicos, particularmente servicios comprados por concepto de comunicaciones al emplearse la red de telefonía pública y no la red corporativa de la empresa en el establecimiento de las comunicaciones intraempresariales.

A partir de las insuficiencias antes mencionadas, el estudio de la estructura que compone la red corporativa de la empresa SERTOD y su actual explotación, surge el siguiente **problema científico** ¿cómo realizar la gestión que asegure la calidad del servicio de voz sobre IP en la red corporativa SERTOD?

A partir del problema se delimita el **objeto de investigación**: el servicio de voz sobre IP en redes corporativas.

Para solucionar el problema se persigue el siguiente **objetivo**: aplicar un conjunto de políticas de calidad en el servicio de voz sobre IP de la red corporativa que permitan satisfacer la necesidad de comunicación entre la alta dirección de la empresa.

El objetivo de la investigación delimita el **campo de acción**: la calidad del servicio de voz sobre IP en la red corporativa SERTOD.

Para guiar la investigación, se trazaron las siguientes **preguntas científicas:**

1. ¿Cuáles son los fundamentos teórico-prácticos del servicio de voz sobre IP en redes corporativas?
2. ¿Cuáles son los parámetros que describen la calidad del servicio de voz sobre IP?

3. ¿Cuál es el estado real de las tecnologías de telecomunicaciones que se encuentran en explotación en la red corporativa SERTOD?
4. ¿Cuáles son los valores de configuración de la red corporativa SERTOD para la aplicación de políticas de calidad en el servicio de voz sobre IP?
5. ¿Cómo evaluar los resultados obtenidos con la aplicación de las políticas de calidad en el servicio de voz sobre IP?

Para darles respuesta a las preguntas científicas y cumplir el objetivo trazado, se realizaron las siguientes **tareas**:

1. Construir el marco teórico-práctico del servicio de voz sobre IP en redes corporativas.
2. Definir los parámetros que describen la calidad del servicio de voz sobre IP.
3. Diagnosticar el estado real de las tecnologías de telecomunicaciones que se encuentran en explotación en la red corporativa SERTOD.
4. Definir las políticas de calidad del servicio de voz para la red corporativa SERTOD.
5. Establecer las políticas de calidad en la red corporativa SERTOD a partir del diagnóstico de las tecnologías y los parámetros definidos.
6. Evaluar los resultados de la aplicación de las políticas de calidad a través de métodos de estadística descriptiva.

Para darles solución a las tareas planteadas se usará una combinación de métodos teóricos y empíricos.

Métodos teóricos

Análisis y síntesis. Se utilizó con el fin de analizar la información manejada en la red corporativa; elaborar los fundamentos teóricos; así como la realización de un diagnóstico del estado real de las tecnologías de telecomunicaciones que se encuentran en explotación en la red corporativa SERTOD.

Histórico y lógico. Permitió ordenar cronológicamente la historia y evolución de las redes de computadoras y el servicio de voz sobre IP, comprender la lógica del negocio y las normas que rigen su funcionamiento. Posibilitó expresar, en forma teórica, la esencia del objeto y las necesidades acrecentadas de la empresa SERTOD a partir de la información capturada y su progreso en el tiempo.

Modelación. Permitió representar de manera simplificada el flujo de los datos en la red corporativa SERTOD. Además, posibilitó una mejor comprensión de los procesos en las diferentes áreas de trabajo, la información que fluye a través de la red y la frecuencia con que se emplea.

Métodos empíricos

Entrevista. Posibilitó obtener información sobre cómo era el flujo de comunicación e información entre las diferentes estructuras administrativas que componen la empresa, cómo la procesaban y con qué frecuencia esta se enviaba a través de la red. Se entrevistó a los Directores de UEB, Jefes de departamentos, especialistas, técnicos y trabajadores en general de la entidad que utilizan la red corporativa SERTOD.

Revisión de documentos. Se utilizó para la recopilación de la información, lo que permitió conocer las características a través de las consultas a manuales y fichas técnicas de las tecnologías de telecomunicaciones que se encuentran en explotación en la red corporativa SERTOD.

Observación. Se utilizó para determinar el empleo de los servicios de voz por parte de los usuarios y el comportamiento de estos en la red corporativa SERTOD.

Métodos estadísticos

Estadística descriptiva. Mediante este método se realizó la valoración de los resultados obtenidos y el impacto de la aplicación de las políticas de calidad en el servicio de voz sobre IP.

El presente documento está dividido en dos capítulos:

El capítulo 1 hace referencia a los aspectos esenciales sobre los fundamentos teóricos del servicio de voz sobre IP en redes corporativas, así como los parámetros de calidad requeridos para este tipo de servicios. Se incluye un diagnóstico del estado real de la calidad de la voz sobre IP y de las tecnologías de telecomunicaciones que se encuentran en explotación en la red corporativa SERTOD.

El capítulo 2 se centra en la aplicación de un conjunto de políticas de calidad en el servicio de voz sobre IP en la red corporativa, solución que se desarrolla de forma específica para SERTOD, estableciendo los parámetros que mejor describen la calidad de este servicio y su correcta gestión y control. Además, se expone la evaluación de los resultados obtenidos a partir de la aplicación de estos parámetros.

Cada capítulo presenta conclusiones parciales. Asimismo, se arriba a conclusiones generales que reflejan los principales resultados obtenidos tras la investigación realizada. Se ofrecen recomendaciones para dar continuidad y mejorar el trabajo desarrollado. El documento contiene, glosario de términos y bibliografía, así como anexos, como complementos de esta investigación.

La novedad científica de esta investigación radica en la aplicación de un conjunto de políticas de calidad para alcanzar un estado superior en el rendimiento de la red corporativa mediante la definición y establecimiento de parámetros de calidad, además de la gestión y control de los servicios de voz tanto en software como en hardware. Por otra parte, el valor práctico que se aporta lo constituye proporcionar calidad en el servicio de voz, priorizar los servicios de voz en la red corporativa, proporcionar mecanismos de calidad de servicios en equipos para priorizar el tráfico, maximizar el uso de la infraestructura de red, manteniendo un margen de flexibilidad, seguridad y crecimiento para servicios emergentes y dimensionar los recursos en función del número de usuarios y del nivel de disponibilidad.

CAPÍTULO 1. EL SERVICIO DE VOZ SOBRE IP EN REDES CORPORATIVAS

En el presente capítulo se hace una revisión de las teorías, conceptos y definiciones de la telefonía tradicional, que sirven de base para comprender el objeto de estudio, así como el contexto actual de la investigación. Se realiza un acercamiento a fundamentos del servicio de voz sobre IP en redes corporativas con el propósito de obtener el conocimiento necesario acerca de elementos sobre los cuales se sustenta el VoIP y su gestión; así como los aspectos a tener en cuenta sobre la calidad de los servicios de voz y sus parámetros.

Además, se realiza un diagnóstico del estado real de la tecnología de telecomunicaciones y de calidad de servicio que se encuentran en explotación en la red corporativa de SERTOD, sus características, facilidades del servicio, así como las posibilidades de crecimiento que ésta permite.

1.1 Funcionamiento de la red de telefonía tradicional

Para lograr un mejor entendimiento de la telefonía VoIP que es simplemente la transferencia de conversaciones de voz en forma de datos sobre una red de IP (Linares, 2007), primeramente, es fundamental entender cómo funciona la red de telefonía tradicional, conocida por las siglas PSTN (*Public Switched Telephone Network*), a continuación, se muestra la secuencia de acciones cuando se realiza una llamada.

1. Quien llama levanta el manófono del teléfono y escucha señal de marcado.
2. El que llama ingresa un número telefónico el cual identifica la dirección del destinatario.
3. Se envían señales a través de la PSTN para establecer un circuito para poder realizar la llamada y reservar los recursos necesarios.
4. Suena el teléfono del destinatario, que le indica al mismo que una llamada ha llegado.
5. El destinatario levanta el tubo del teléfono y comienza la conversación. El audio de la conversación se transforma a un formato digital y luego es trasformado nuevamente en el otro extremo.

6. Termina la conversación, se factura la llamada, el circuito es cerrado, y los recursos son liberados.

Esta secuencia de pasos debe suceder correcta y rápidamente para lograr una llamada telefónica exitosa y de alta calidad.

Una PSTN consta de un grupo de medios de transmisión y conmutación, facilitando principalmente la transmisión conmutada de voz entre dos o más usuarios mediante la aplicación de aparatos telefónicos. El objetivo primordial es la convergencia entre todos los usuarios sin importar el nivel geográfico ya sea local, nacional e internacional.

1.1.1 Conmutación

Según el material bibliográfico consultado se define la conmutación como la conexión que realizan los diferentes nodos que existen en distintos lugares y distancias para lograr un camino apropiado para conectar dos usuarios de una red de telecomunicaciones (Caballero Basto, 2007).

La conmutación permite la descongestión entre los usuarios de la red disminuyendo el tráfico y aumentando el ancho de banda.

Se pude mencionar la existencia de tres tipos de conmutación:

- ✓ Conmutación de circuitos.
- ✓ Conmutación de mensajes.
- ✓ Conmutación de paquetes.

Conmutación de circuitos

Los sistemas telefónicos actuales son impulsados por un método de conectar llamadas muy fiables, pero algo ineficaz, conocido como conmutación de circuito, este es un concepto básico que ha sido utilizado por las redes telefónicas de hace más de 100 años.

La red telefónica convencional utiliza conexiones por conmutación de circuitos, esto significa que cuando se realiza una llamada, se obtiene un circuito dedicado de un teléfono al otro, por algún medio que interconecta a ambos. El circuito dedicado típico a través de la PSTN involucra desde una conexión física a una conexión lógica la cual a veces implica el uso de varios concentradores. Cuando una persona habla por teléfono, un micrófono genera una señal analógica que es enviada a través del circuito.

Los equipos de conmutación deben establecer un camino físico entre los medios de comunicación previa conexión entre los usuarios. Este camino permanece activo durante la comunicación entre estos, liberándose al terminar la comunicación.

La conmutación de circuitos fue desarrollada para el servicio de voz, pero en la actualidad se usa también para el servicio de datos. El mejor ejemplo conocido de una red de conmutación de circuitos es el de la red de telefonía pública (Figura 1.1). Otra aplicación de la conmutación de circuitos son las PBX (siglas en inglés de Private Branch Exchange), este tipo de redes se utiliza usualmente por empresas u organizaciones para conectar sus diferentes estructuras o sedes (Stalling, 2000).

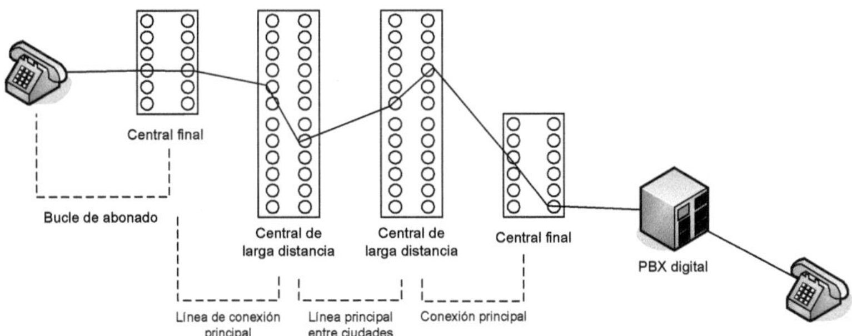

Figura 1.1 Ejemplo de conexión sobre una red pública de conmutación de circuitos.

Conmutación de mensajes

La conmutación de mensajes era usada por los sistemas telegráficos, siendo el método más antiguo que existe. Para transmitir un mensaje a un receptor, el emisor debe enviar primero el mensaje completo a un nodo intermedio el cual lo sitúa en cola en la cola donde almacena los mensajes que le son enviados por otros nodos. Luego, cuando llega su turno, lo reenviará a otro y éste a otro y así las veces que sean necesarias antes de llegar al receptor. El mensaje deberá ser almacenado por completo de forma temporal en cada nodo intermedio antes de poder ser reenviado al siguiente, por lo que los nodos temporales deben tener una gran capacidad de almacenamiento.

Conmutación de paquetes

Una red de conmutación de paquetes es un conjunto distribuido de nodos de conmutación de paquetes, los cuales, idealmente, conocen siempre el estado de la red completa (Stalling, 2000). El emisor divide los mensajes a enviar en un número arbitrario de paquetes del mismo tamaño, en los cuales se adjunta una cabecera y las direcciones de origen y destino, así como datos de control. Estos paquetes serán transmitidos por diferentes medios de conexión entre nodos temporales hasta llegar a su destino. Este método de conmutación es el que más se utiliza en las redes de ordenadores actuales. Surge para mejorar la capacidad de transmisión a través de las líneas existentes.

Al igual que en la conmutación de mensajes, los nodos temporales almacenan los paquetes en colas en sus memorias que no necesitan ser demasiado grandes.

1.1.2 Digitalización de la Voz

Desde el momento en que se establece una conexión y el usuario habla mediante el auricular telefónico, la voz se envía sobre la línea telefónica como una transmisión analógica. Cuando esta transmisión alcanza el punto de entrada en la PSTN, se digitaliza (proceso de muestreo, cuantificación y codificación). Después de digitalizarse, la transmisión codificada de la voz se transporta a través de la PSTN al otro extremo, donde se convierte nuevamente en una señal analógica.

Muestreo

El proceso de muestreo consiste en tomar muestras de la señal vocal a intervalos regulares. Estos intervalos deben ser tales que cumplan con el Teorema del muestreo de Nyquist - Shannon, el cual plantea que:

"La mínima frecuencia a la que puede ser muestreada una señal y luego reconstruida sin perder información, es el doble de la frecuencia máxima de dicha señal" (Joskowicz, 2004).

Para establecer cual es esta frecuencia mínima en las señales de voz, se debe tener en cuenta que:

- ✓ Si bien el oído humano puede llegar a escuchar sonidos de hasta 18 a 20 kHz, la mayor parte de la energía de las señales de voz humana se encuentran por debajo de los 4 kHz.
- ✓ El sonido resultante de filtrar la voz humana a 3.4 kHz es perfectamente claro, y además se puede distinguir sin problemas al locutor.
- ✓ El sistema de telefonía se ha diseñado para transmitir satisfactoriamente "voz humana", minimizando los recursos necesarios para esta tarea.

Partiendo de lo anterior, se puede pensar en un ancho de banda para las señales de los sistemas de telefonía de 3.4 kHz. Según el teorema del muestreo, para poder reconstruir una señal de hasta 3.4 kHz, esta debe ser muestreada al menos a 6.8 kHz. Dado que es necesario limitar el ancho de banda de la señal a frecuencia de 3.4 kHz y los "filtros reales" no pueden realizar cortes abruptos, se ha tomado en telefonía una frecuencia de muestreo de 8 kHz, es decir, tomar una muestra de voz cada 125 microsegundos.

Cuantificación y Codificación

El proceso de cuantificación y codificación adoptado en telefonía implementa un algoritmo no lineal, de manera de obtener una calidad de voz aceptable, minimizando la cantidad de niveles de cuantificación. Este algoritmo en la compresión de señal por medios de dispositivos no lineales previos a la etapa de conversión de analógico/digital y expansión posterior a la reconstrucción a la salida de la conversión analógico/digital.

El proceso de cuantificación convierte las muestras analógicas en muestras que toman un conjunto discreto de valores. Al pasar de los infinitos valores de la señal analógica a un conjunto discreto de valores, se introduce una distorsión a la señal original. Esta distorsión se conoce normalmente como ruido de cuantificación. Es importante acotar, que lejos de su nombre, esta distorsión no es un ruido, ya que no proviene de factores externos, sino que es parte del propio proceso de digitalización.

Cuantos más valores discretos se utilicen, menor será la distorsión introducida en el proceso. Por otro lado, cuántos más valores discretos se utilicen, mayor será la cantidad de información que se deben procesar o transmitir por cada muestra. Por lo tanto, es importante analizar cuál es la menor cantidad de valores discretos aceptables para el tipo de señal que se desea digitalizar.

A su vez, para poder procesar los valores discretos obtenidos en cada muestra, es necesario codificarlos, es decir, asignarles un valor numérico. En resumen, todo este proceso para convertir la voz en un formato digital es un estándar de la Unión Internacional de Telecomunicaciones (UIT). El nombre de ese estándar es G.711 y utiliza una técnica de codificación llamada Modulación por Codificación de Impulso (*Pulse Code Modulated*, por sus siglas en inglés). Sin embargo, dentro del estándar G.711 hay dos variantes:

- ✓ G.711u— También conocida como codificación ley µ ó µ-law que es usada principalmente en América del Norte.
- ✓ G.711a— También conocida como codificación ley a ó a-law, que es usada principalmente fuera de América del Norte.

1.1.3 Concentradores

Los concentradores son un componente fundamental de la PSTN. Varios tipos de concentradores mueven el tráfico entre enlaces y proveen los circuitos y las conexiones dedicadas necesarias para el manejo de las llamadas. Las conexiones entre concentradores normalmente se denominan líneas troncales y la capacidad de líneas troncales es generalmente indicada en términos del número de canales con señal digital de nivel cero (Linares, 2007).

Las líneas troncales utilizan una la multiplexación para enviar múltiples conversaciones de voz sobre el mismo enlace. Los concentradores de las PSTN se categorizan en base a su función. No obstante, hay concentradores que realizan la misma clase de funciones y se los suele conocer con distintos nombres. Si conecta un teléfono, el primer punto de entrada es un concentrador denominado concentrador local. Este tipo de concentrador también se conoce como concentrador clase cinco.

El concentrador local es operado frecuentemente por una compañía de teléfonos local, la cual se denomina Local Exchange Carrier (LEC). El concentrador local toma una entrada analógica desde la conexión del teléfono y la digitaliza para la transmisión a través de la PSTN. La conversación digitalizada es enviada a través de las líneas troncales al próximo concentrador en la red. Otro tipo de concentrador son los denominados concentrador de tándem. Estos concentradores son operados generalmente por una compañía de larga distancia. Los concentradores de tándem son conectados a concentradores locales u otros concentradores de tándem para proporcionar un circuito lógico a través de la PSTN y a menudo de los denomina concentradores Clase uno, dos, tres o cuatro. Ellos transportan volúmenes masivos de llamadas y son diseñados para ser muy escalables y seguros. En la siguiente Figura se muestran los diferentes tipos de concentradores.

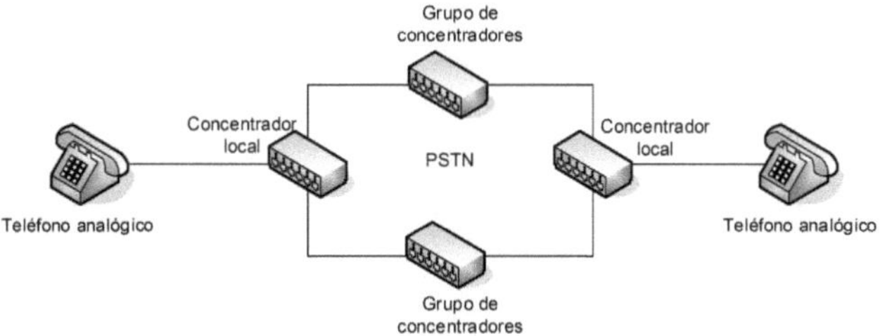

Figura 1.2. Concentradores locales y de tándem.

Señalización

Se plantea en el material bibliográfico consultado que para el establecimiento de una llamada telefónica se requieren varios tipos diferentes de señalización; informar a los dispositivos que componen la red que un teléfono está descolgado, suministrar al destinatario la información de manera que la llamada pueda ser ruteada apropiadamente y notificar que ingresó una llamada tanto para la persona que llama como al receptor (Linares, 2007).

El *Signaling System Seven* (SS7) es el estándar de la ITU para la señalización, procedimiento de llamada y la administración de llamadas de la PSTN. Particularmente, se emplea una red separada para los flujos SS7. Por una vía se trasportan las llamadas y por otra los datos SS7, por lo que regularmente se los referencia como una señal fuera de banda.

Una red SS7 tiene dos componentes claves. El punto de transferencia de la señal proporciona el ruteo por la red SS7 y el punto del control de la sesión proporciona búsqueda de 800 números y otras características de administración.

Cuando se realiza una llamada telefónica, los protocolos de señalización encuentran la ruta al destinatario, se establecen las conexiones entre interruptores y se liberan estas conexiones una vez concluida la llamada. El punto de transferencia de la señal se comunica con el concentrador local y el tándem de concentradores para reservar la capacidad necesaria entre la trayectoria específica para vincular al emisor con el receptor. Una vez concluida la llamada, el punto de transferencia de la señal se comunica con los concentradores para liberar las conexiones reservadas, dejando recursos disponibles para otras llamadas.

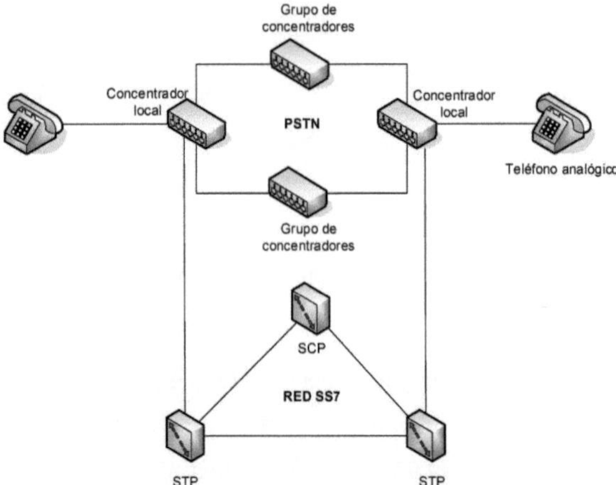

Figura 1.3. Empleo de Señalización SS7 en la PSTN.

1.1.4 Private Branch Exchange y sus componentes

La PBX constituye la base de la mayoría de las redes corporativas de voz. Típicamente, una red telefónica corporativa es distinta a un sistema telefónico residencial. Cuando se hace referencia a un entorno corporativo, la red tiene que servir a múltiples usuarios que necesitan cierta característica avanzada, tal como identificación de llamada, transferencia de llamadas, derivación del teléfono, pasarela de voz a correo, servicios basados en una respuesta de voz interactiva (*Interactive Voice Response*, por sus siglas en inglés), entre otras. Además, una corporación, necesita que su sistema telefónico actúe como una sola red, incluso si sirve a otras dependencias que pueden estar fuera de la estructura o edificio principal.

En sistemas de VoIP, una IP PBX es análoga a la PBX de una PSTN, ya que provee muchas de las funcionalidades y características de una PBX tradicional.

A continuación, se muestra en la Figura 1.4 una PBX corporativa conectada a la red pública tradicional.

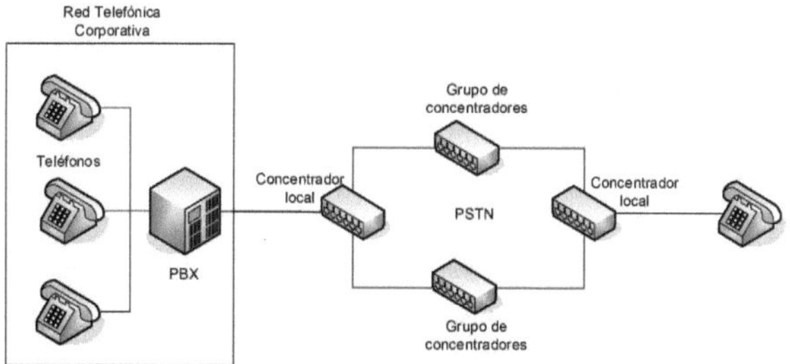

Figura 1.4. PSTN conectada a través de una PBX corporativa.

Teléfonos analógicos, híbridos y digitales

Las PBX aceptan por lo general varios tipos de teléfonos. En forma genérica se agrupan en teléfonos analógicos o comunes, híbridos y digitales.

Los teléfonos analógicos o comunes son aquellos que utilizan la señalización por corriente de bucle y pueden ser conectados a la red telefónica pública analógica directamente, sin necesidad de interfaces especiales. Es decir, cualquier teléfono de tonos o de disco, que tenga las funciones comunes de detección de campanilla, discado por tonos o pulsos, etc. (Joskowicz, 2004).

Los teléfonos analógicos, tal como su nombre así lo refiere, no digitalizan el audio, sino que lo envían en forma analógica hacia la PBX. Los primeros teléfonos de este tipo fueron de disco y luego fueron reemplazados por los de tonos. Todas las

PBX soportan ambos tipos de teléfonos. Estos teléfonos necesitan de dos hilos de cobre para funcionar y son telealimentados por la PBX.

Teléfonos híbridos

En los teléfonos híbridos conocidos también como teléfonos de multifunción analógicos la voz se transmite en forma analógica desde el teléfono a la PBX. La digitalización se realiza en la propia PBX. Los datos de señalización utilizan un enlace digital independiente. Por ello este tipo de teléfonos requiere de cuatro hilos de cobre para funcionar, un par para el audio analógico y otro par para los datos de señalización (Joskowicz, 2004).

Este tipo de teléfono generalmente es de tipo propietario de cada fabricante y modelo de PBX. Además, presentan ventajas funcionales respecto a los analógicos pues puede disponer de pantallas en los que se refleja la información enviada por la PBX.

Teléfonos digitales

Los teléfonos digitales realizan la digitalización de la voz en el propio teléfono. Los datos de señalización son multiplexados con la voz y transmitidos hasta la PBX por un único par de cobre. Los protocolos de señalización utilizados en éste tipo de teléfonos son propietarios de cada fabricante exceptuando los teléfonos de la red digital de servicios integrados que utilizan un protocolo estandarizado. Estos equipos tienen características comunes con los híbridos, pues también son de tipo propietarios de cada fabricante y modelo de PBX.

Se puede afirmar con certeza que a nivel de usuarios no hay marcadas diferencias entre los teléfonos digitales y los híbridos ya que la calidad de la voz y las facilidades son similares.

Las diferencias están marcadas en la cantidad de pares que requieren y en la mayor confidencialidad que puede brindar un teléfono digital. Verdaderamente, es más complejo intentar escuchar una conversación digitalizada que una conversación analógica.

1.2 Voz sobre IP

Hasta nuestros días, la telefonía tradicional juega un papel fundamental en las instituciones, empresas y hogares, pues ha resuelto problemas de comunicación que eran necesario solventar. Si bien lo anterior ha sido así, hay otros aspectos que se deben considerar como el tema de los costos, los cuales son muy elevados si se quiere establecer comunicaciones a largas distancias o efectuar servicios de conferencias que requiere equipos adicionales (Pineda & Solórzano, 2011).

Debido a estos aspectos se ha introducido la telefonía VoIP la cual aprovecha los recursos informáticos y tecnológicos de la red corporativa de una entidad, posibilitando entre otros beneficios ahorrar costos y realizar una mejor administración de los sistemas de comunicaciones.

Las comunicaciones empresariales han desarrollado la posibilidad de utilizar su infraestructura de datos, para el transporte del servicio de voz interno de la empresa. Los elementos de peso fundamental que componen los sistemas de VoIP lo constituyen: códecs, TCP/IP y protocolos VoIP, servidores de telefonía IP y PBXs, puerta de enlace VoIP y enrutadores, así como teléfonos IP y softphones.

1.2.1. Códecs

Antes de ser transmitida por la red IP, la señal de audio debe ser sometida a un proceso de digitalización, compresión y codificación. Para ello el empleo de algoritmos matemáticos implementados en software llamados códecs (codificador-descodificador) es fundamental. El códec convierte una señal de audio comprimido en formato digital para la transmisión y luego la reconvierte de vuelta en una señal de audio sin comprimir para la reproducción. Además, logran la conversión al dividir la señal de audio varias miles de veces por segundo. Por ejemplo, el códec G.711 divide el audio 64.000 veces por segundo. Convierte cada pequeña muestra en datos digitalizados y los comprime para su transmisión. Cuando las 64.000 muestras son reensambladas, las piezas de audio que falten entre cada una de las muestras son tan pequeñas que para el oído humano suena como un segundo continuo de audio (Soto & Díaz, 2009). Existen diferentes tipos de niveles de muestreo en el servicio de voz sobre IP dependiendo del códec que se utilice:

- ✓ 64.000 veces por segundo.
- ✓ 32.000 veces por segundo.

- ✓ 8.000 veces por segundo.

Un códec G.729A tiene una tasa de muestreo de 8.000 veces por segundo y es el códec usado más comúnmente.

Para los sistemas de voz sobre IP existen diferentes modelos de códecs de audio que pueden ser utilizados y dependiendo del algoritmo escogido en la transmisión, variará la calidad de la voz, el ancho de banda necesario y la carga computacional. Como objetivo principal está el encontrar un equilibrio entre eficiencia y calidad de la voz.

Códecs en VoIP:

- ✓ G.711. Códec de la red de telefonía tradicional estandarizado por la UIT. Este estándar muestrea a una frecuencia de 8 kHz y utiliza PCM para comprimir, descomprimir, codificar y descodificar.
- ✓ G.723.1. Estandarizado en 1995 por la ITU, puede operar a 6.3 kbps o 5.3 kbps. Es necesario pagar una licencia.
- ✓ G.726. Conocido como ADPCM (Adaptive Differential Pulse Code Modulation). Permite trabajar a velocidades de 16 kbps, 24 kbps y 32 kbps. Posibilita la disminución de ancho de banda requerido sin aumentar en gran medida la carga computacional.
- ✓ G.729A. Requiere 8 kbps de ancho de banda.
- ✓ GSM (Global System Mobile). Estándar que opera a 13 kbps con una carga computacional aceptable. No requiere el pago de una licencia.
- ✓ iLBC (Internet Low Bit rate Codec). Opera a 13.3 kbps y 15.2 kbps. Ofrece una buena relación a cambio de una mayor carga computacional.
- ✓ Speex. software libre que implementa un algoritmo capaz de variar la velocidad de transmisión dependiendo de las condiciones actuales de la red. El ancho de banda puede variar desde 2.15 a 22.4 kbps.
- ✓ MP3 (Moving Picture Experts Group Audio Layer 3 Encoding Standard). Es un códec de audio optimizado para música y no para telefonía. Es utilizado por los teléfonos IP principalmente para ofrecer servicios de música en espera.

1.2.2 TCP/IP y protocolos de voz sobre IP

Se le denomina conjunto de protocolos TCP/IP, en referencia a los dos protocolos más importantes que la componen: Protocolo de Control de Transmisión (TCP) y Protocolo de Internet (IP), siendo estos dos de los primeros en definirse y de los más utilizados de la familia.

Los programas envían y reciben los datos sobre una red de IP haciendo llamadas al software TCP/IP, conocido como interface de protocolos (Linares, 2007).

La interfaz TCP/IP en la computadora origen intercambia información con la interface TCP/IP de la computadora destino, con el objetivo de realizar la transferencia de datos de un lado al otro. El tamaño de los bloques de datos (el tamaño del datagrama), la identificación de los datos asociados con cada datagrama (el encabezamiento de datagrama) y lo que debe ocurrir si se pierde o se daña un datagrama en tránsito son algunas de las informaciones que son intercambiadas entre el origen y el destino.

El Protocolo de Internet determina cómo se transfieren los datagramas a través de una red IP desde el programa que envía al programa que recibe. El envío y la recepción de información se realizan bajo dos protocolos básicamente:

Transmission Control Protocol (TCP): al realizarse una llamada a la interfaz TCP, el programa que lo solicita persigue que el programa destinatario reciba todo lo que se le ha enviado. El proceso implica que los datos no se pierdan, dupliquen y que no lleguen fuera de orden. Este es un protocolo orientado a la conexión, pues ambos extremos mantienen un fuerte seguimiento de la totalidad de la información que es enviada y recibida.

User Datagram Protocol (UDP): en la utilización de este protocolo, el origen que envía no tiene certeza de la entrega. UDP es un protocolo no orientado a la conexión, lo cual significa que cuando se usa, ambos lados no reciben ninguna confirmación de que todo llegó intacto al destino.

Los protocolos de las redes IP originalmente no fueron diseñados para el fluido en tiempo real de audio o cualquier otro tipo de medio de comunicación. Es por lo anterior que se crean los protocolos para VoIP, cuyo mecanismo de conexión abarca una serie de transacciones de señalización entre terminales que cargan dos flujos de audio para cada dirección de la conversación.

Transportar una llamada telefónica de VoIP en una red de datos implica el establecimiento de la llamada donde se debe conseguir un tono de marcado, llamar a un número de teléfono, conseguir que suene el teléfono del destinatario (o generar una señal de ocupado), que el destinatario recoja el teléfono para contestar la llamada y así, establecer la conversación telefónica.

Para lograr lo antes expuesto se requieren dos protocolos de VoIP:

1. Protocolos para el establecimiento de las llamadas. Se emplean protocolos de alto nivel para establecer y liberar la comunicación como H.323, SIP, SCCP, MGCP y Megaco/H.248. Los programas que implementan los protocolos de establecimiento de las llamadas utilizan TCP y UDP para el intercambio de datos durante todas las fases.
2. Protocolos de flujos o streaming de voz: El intercambio datos que contienen la voz codificada, se realiza después del establecimiento de la llamada usando dos flujos, uno en cada dirección, para permitir que ambos participantes puedan hablar al mismo tiempo. Cada flujo de datos utiliza el protocolo de alto nivel Protocolo de Transporte de Tiempo real (*Real-Time Transport Protocol*, por sus siglas en inglés), el cual es encapsulado en UDP para viajar a través de la red.

A continuación se describen algunos de los protocolos más relevantes manejados en VoIP.

H.323. Concebido inicialmente como un protocolo para el transporte de videoconferencia, rápidamente ha ido evolucionando para cubrir todas las necesidades de la VoIP. Además, especifica aspectos basados en SS7 para la interconexión con la PSTN. Constituye el primer estándar en adoptar como medio de transporte el protocolo RTP, siendo capaz de aplicar algoritmos de encriptación de la información, evitando de esta manera añadir elementos de seguridad adicionales a los requeridos para la conexión a Internet. Actualmente el interés por parte de los usuarios y empresas ha disminuido debido a su complejidad y a ciertas ineficiencias detectadas en conferencias entre un elevado número de usuarios.

SIP. Session Initiation Protocol es un protocolo de señalización para conferencia, telefonía, presencia, notificación de eventos y mensajería instantánea a través de Internet. Está basado en HyperText Transfer Protocol (HTTP) adoptando de este estándar su estructura cliente/servidor basada en un modelo petición/respuesta y la sencillez de su sintaxis.

Este protocolo considera a cada conexión como un par y se encarga de negociar las capacidades entre ellos. Pero el gran potencial de SIP reside en su flexibilidad ya que ofrece la posibilidad de programar nuevos servicios no definidos por la propia recomendación.

Está orientado a la comunicación entre puntos terminales y para hacerlo se vale del intercambio de mensajes entre las partes que intentan comunicarse. Los usuarios, que pueden ser seres humanos o aplicaciones de software comúnmente conocidos como softphone y utilizan para establecer sesiones lo que el protocolo SIP denomina Agentes de Usuario.

Los Agentes de Usuarios no son más que los puntos extremos del protocolo, es decir son los que emiten y consumen los mensajes del protocolo SIP, por ejemplo, un videoteléfono, un teléfono, un softphone y cualquier otro dispositivo similar.

El protocolo SIP no se ocupa de la interfaz de estos dispositivos con el usuario final, sólo se interesa por los mensajes que estos generan y cómo se comportan al recibir determinados mensajes.

IAX, IAX2. Inter Asterisk eXchange protocol fue desarrollado por Digium para la comunicación entre centralitas basada en Asterisk. IAX minimiza el ancho de banda utilizado en la transmisión de voz y vídeo a través de la red IP. La estructura básica de este protocolo se fundamenta en la multiplexación de la señalización y del flujo de datos sobre un simple puerto UDP. El protocolo original ha quedado obsoleto en favor de su segunda versión conocida como IAX2 que se caracteriza por ser robusto y simple en comparación con otros protocolos. Es un protocolo robusto y provisto de muchas características que lo convierten en una opción viable para la transmisión multimedia. Sin embargo, sus características han sido optimizadas para la realización de enlaces de voz sobre IP, en las cuales se necesita bajo consumo de ancho de banda y la adición del menor número de bytes a los encabezados.

Estos aspectos hacen del IAX2 un protocolo más eficiente para VoIP, que otros protocolos que especifican muchos más detalles de los que son estrictamente necesarios, para describir o transportar una llamada punto a punto. Del mismo modo, una de sus características más relevantes es el bajo consumo de ancho de banda respecto a los protocolos tradicionales.

El principio básico de IAX2 consiste en la multiplexación de señalización y flujos multimedia sobre un único flujo UDP entre dos terminales. Así mismo IAX2 utiliza el mismo puerto UDP para la señalización y los mensajes multimedia, por lo que todas las comunicaciones relacionadas con la llamada son realizadas sobre el mismo trayecto.

1.2.3 Servidores IP y componentes

El uso de redes IP para la transmisión de voz demanda la utilización de servidores especialmente diseñados para este propósito. Las PBX a base de hardware propietarios producidos por diferentes fabricantes, 3CX, Elastix y Asterisk son implementaciones de servidores que se pueden mencionar en este sentido. Los componentes de una red VoIP se muestran a continuación.

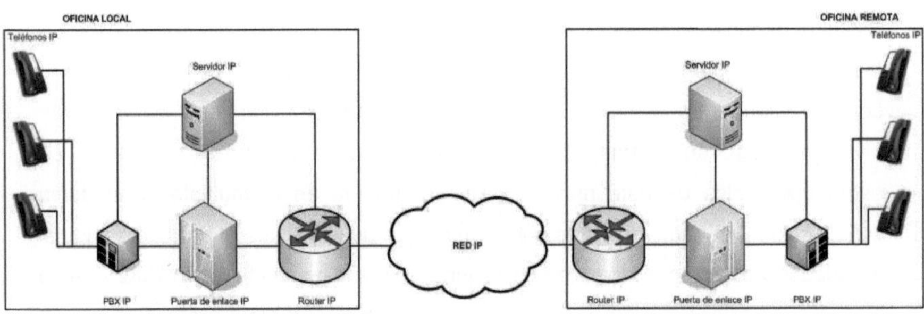

Figura 1.5. Componentes de una red VoIP.

El gatekeeper es otro tipo servidor requerido, que es utilizado por H.323 para brindar el Control de Admisión de Llamadas (CAC) y otras funciones de administración, tales como búsqueda de direcciones para servicios de multimedia. El gatekeeper utiliza un conjunto de flujos de señales tales como registración, admisión y estado, para interactuar con dispositivos VoIP.

Puertas de enlace, enrutadores y concentradores

Las puertas de enlace VoIP y los enrutadores transportan los paquetes RTP de voz a través de la red. Las puertas de enlace también proporcionan la vinculación entre la red VoIP y la PSTN utilizando el protocolo SS7 para lograr esta integración.

En las redes corporativas, las puertas de enlace VoIP se pueden interconectar con PBXs tradicionales para proporcionar instancias de migración lo que permite implementaciones en etapas. Estas puertas típicamente pueden manejar una gran variedad de señalizaciones y protocolos de datos para vincular las distintas plataformas (Linares, 2007).

De tomar las decisiones necesarias al examinar las cabeceras IP se encargan los enrutadores, para de esta forma mover paquetes hacia el próximo salto a través del camino hacia el destino

Los concentradores son los que aseguran la conectividad de cada dispositivo de red y sobre los mismos se pueden implementar funciones adicionales como la configuración de redes virtuales, políticas de calidad, entre otras. Estos equipos observan la información en la cabecera IP para mover paquetes desde el origen hacia el destino.

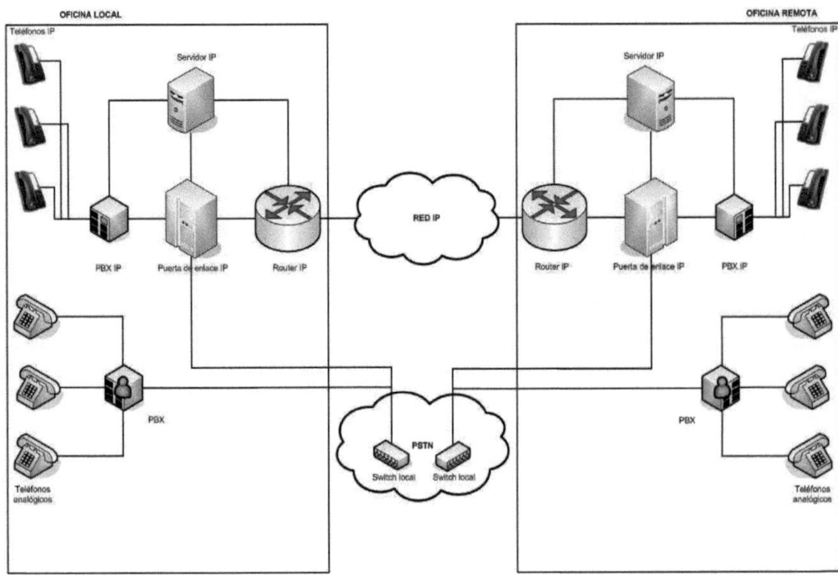

Figura 1.6. Red VoIP con puertas de enlace conectadas a la PSTN.

Terminal IP y softphones

El terminal IP suele ser un dispositivo hardware con forma de teléfono, aunque con la diferencia de que utiliza una conexión de red de datos, en lugar de una conexión de red telefónica. Disponen de una dirección IP a la que poder acceder y mediante la que se puede configurar como si fuese una computadora más. Por lo que, al considerarse un sistema más dentro de la red, suelen aplicárseles las características típicas de grandes redes (Soto & Díaz, 2009).

Una alternativa es la utilización de software que se ejecuta en las computadoras personales. El empleo de auriculares y micrófono conectado al sistema de audio de la computadora, posibilitan el establecimiento de la comunicación con el servidor.

1.3 Calidad de servicios

La calidad de servicios se ha determinado desde distintos puntos de vistas en función de la información con que se ha contado en el momento de definirla, del ángulo bajo el cual se ha mirado al momento de hacerlo y además, los intereses que se han perseguido para definirla. Es importantes antes de adentrarse en la calidad de servicio conocer primero los conceptos de calidad, servicio y usuario de manera independiente.

En los últimos tiempos el concepto calidad está teniendo una creciente aceptación, existe un incremento notable en el número de organizaciones que están aplicándola con un porcentaje muy aceptable de resultados positivos. La calidad se ha definido por diversos autores y ha sido enmarcada en disímiles contextos. J. M. Jurán la definió: *satisfacción de las necesidades y expectativas del cliente o usuario como aptitud de uso* (Jurán, 1991). Philip Crosby plantea que *calidad es cumplimiento de requisitos* (Crosby, 1996).

La norma NC ISO 9000, en su versión del año 2015, define como concepto de calidad: *grado en el que un conjunto de características inherentes de un objeto cumple con los requisitos.* Donde las características son rasgos diferenciadores y los requisitos significan la necesidad o expectativa establecida, generalmente implícita u obligatoria.

Independientemente de que un enfoque global contribuya a la obtención de los resultados esperados, la aplicación de la calidad es cada vez más una exigencia a la que las empresas deben dar respuesta para mantener e incrementar sus niveles de competitividad.

Por otro lado, se entiende por servicio a *cualquier actividad o beneficio que una parte ofrece a otra; son esencialmente intangibles y no dan lugar a la propiedad de ninguna cosa* (Aguilar, Andrada, Núñez, Peña & Scandizzo, 2004). La mencionada NC ISO 9000 en su acápite 3.3.7 define entre otro concepto de servicio como *la entrega de un producto intangible (por ejemplo, la entrega de información en el contexto de la transmisión del conocimiento).*

Los servicios poseen características de intangibilidad, inseparabilidad, variabilidad, carácter perecedero y ausencia de propiedad. En otras palabras, el servicio es una actividad realizada para brindar un beneficio o satisfacer una necesidad.

Asimismo, los usuarios no son más que las *personas u organizaciones que podrían recibir o que reciben un producto o un servicio destinados a esas personas u organizaciones o requeridos por ellas* (NC ISO 9000, 2015). Entonces, tomando en cuenta estos las definiciones expresadas anteriormente se puede definir la calidad de servicio como: *cumplir con las expectativas que tiene el cliente o usuario sobre que tan bien un servicio satisface sus necesidades* (Aguilar, Andrada, Núñez, Peña & Scandizzo, 2004). En términos generales, es la capacidad de ofrecer un buen servicio y que cumpla con:

- ✓ Confiabilidad. La capacidad de ofrecer el servicio de manera segura, exacta y consistente. La confiabilidad significa realizar bien el servicio desde la primera vez.
- ✓ Accesibilidad. Las empresas de servicios especialmente deben facilitar que los usuarios contacten con ellas y puedan recibir un servicio rápido.
- ✓ Respuesta. Se entiende por tal la disposición atender y dar un servicio rápido. Los consumidores cada vez somos más exigentes en éste sentido.
- ✓ Seguridad. Los consumidores deben percibir que los servicios que se le prestan carecen de riesgos, que no existen dudas sobre las prestaciones.
- ✓ Empatía. Quiere decir ponerse en la situación del usuario, en su lugar para saber cómo se siente.
- ✓ Tangiblilidad. Las instalaciones físicas y el equipo de la organización deben ser lo mejor posible y los empleados, estar bien presentados, de acuerdo a las posibilidades de cada organización y de su gente.

La calidad de servicio debe realizarse en forma continua, lo que lleva aparejado una dinámica constante de estudio, análisis, experiencias y soluciones, cuyo propio dinamismo tiene como consecuencia un proceso de mejora continua de la satisfacción de los usuarios (NC ISO 9001, 2015). Cuando no existe una mejora continua no se puede garantizar un nivel de calidad ni tomar decisiones acertadas. La calidad de servicios significa, por otro lado, prevenir y por ello reducir drásticamente los costos de todo aquello que no genera calidad tales como: de prevención, de valoración, de fallo interno y de fallo externo. En las organizaciones en que la calidad de los servicios es escasa es fácil que se produzcan frustraciones, conflictividad y confusión. Se generan pérdidas de tiempo, mucho trabajo y escasas satisfacciones. En el tiempo, todo eso conduce además a la pérdida de competitividad y de personal más preparado, más predispuesto a cambiar de aires, un elemento este que dañará todavía más a la empresa.

En consecuencia con lo anterior, cada organización en aras de lograr y mantener una calidad en los servicios, ya sea hacia sus clientes externos como internos, debe crear las bases para infraestructura sólida, y ser capaz de realizar los cambios pertinentes en los momentos adecuados. La norma ISO 9004 del 2009 hace referencia a que la organización deben establecer y mantener procesos para recopilar datos fiables y útiles y para convertir esos datos en la información necesaria para la toma de decisiones. Esto incluye los procesos necesarios para el almacenamiento, la seguridad, la protección, la comunicación y la distribución de los datos y la información a todas las partes pertinentes. Se necesita que los sistemas de información y comunicación sean robustos y accesibles, para asegurarse de su capacidad.

Se deben considerar además, por la empresa las opciones tecnológicas para aumentar el desempeño de la organización en áreas tales como la realización del producto, el marketing, los estudios comparativos con las mejores prácticas, la interacción con el cliente, las relaciones con el proveedor y los procesos contratados externamente. La organización debe establecer procesos para evaluar:

- ✓ ***Los niveles vigentes de tecnología dentro y fuera de la organización, incluyendo las tendencias emergentes.***
- ✓ ***Los costos y los beneficios económicos.***
- ✓ La evaluación de los riesgos relacionados con los cambios en la tecnología.
- ✓ El entorno competitivo.
- ✓ Su velocidad y capacidad para reaccionar con rapidez a los requisitos del cliente, para asegurarse de que la organización se mantenga competitiva.

A su vez, debería planificar, proporcionar y gestionar su infraestructura de manera eficaz y eficiente evaluando periódicamente la idoneidad de la misma para cumplir sus objetivos. El acápite 7.1.3 de la norma ISO 9001 del 2015, la cual determina los requisitos para un Sistema de Gestión de la Calidad (SGC), establece referido a la infraestructura de las empresas que:

La organización debe determinar, proporcionar y mantener la infraestructura necesaria para la operación de sus procesos y lograr la conformidad de los productos y servicios. La infraestructura puede incluir:

a) edificios y servicios asociados;

b) ***equipos, incluyendo hardware y software***;

c) recursos de transporte;

d) ***tecnologías de la información y la comunicación***.

Cada organización debe gestionar y aplicar los recursos principalmente a la prevención de defectos y las acciones correctivas se centrarán en la identificación y corrección de las causas.

Un elemento fundamental dentro de las organizaciones lo constituyen las telecomunicaciones, pues éstas no son la excepción en lo que a calidad del servicio se refiere y particularmente los de telefonía, en los que se percibe de forma inmediata si hay o no calidad en el servicio. En este ámbito, la calidad de servicio se conoce por QoS (*Quality of Servicie*, por sus siglas en inglés). Este elemento no es un concepto nuevo, es muy fácil escuchar cada vez más la palabra QoS y la razón es simple: los consumidores de servicios son cada día más exigentes y la necesidad de poder cuantificar la calidad ofrecida se ha tornado un tema fundamental (Casa, Guerra & Irigaray, 2005).

QoS ha tenido varias definiciones, los autores Pedro Casas Hernández, Diego Guerra Vidal e Ignacio Irigaray Bayarres, en (Casa, Guerra & Irigaray, 2005) la definen como *el valor de un conjunto de parámetros de rendimiento que aseguran al usuario de un servicio niveles aceptables de calidad*. Otro visto particularmente por los usuarios de una red es: *el rendimiento promedio de una red de telefonía o de computadoras*. QoS comprende requerimientos en todos los aspectos de una conexión.

También la UIT en su recomendación UIT E.800 define la calidad de servicio como *la totalidad de las características de un servicio de telecomunicaciones que determinan su capacidad para satisfacer las necesidades explícitas e implícitas del usuario del servicio.*

1.3.1 Parámetros de calidad de servicio de voz en redes corporativas

En la actualidad, las características heterogéneas de los distintos servicios que se transportan en una red corporativa, hacen del tema de la calidad de servicio una situación compleja. En ocasiones, cuando se habla de calidad de servicio, en un comportamiento propio de la red del cual se hace uso según las necesidades de cada usuario. Realmente, la obtención de un nivel adecuado de calidad de servicio para una aplicación, necesita del esfuerzo colectivo de todos los bloques funcionales que participan en la comunicación.

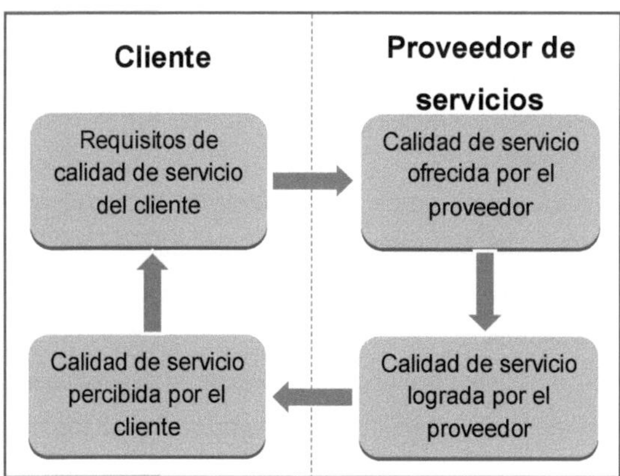

Figura 1.7. Ciclo de la calidad de servicio.

A los usuarios no les interesa saber cómo se lleva a cabo un servicio determinado. Pero sí le interesa comparar la manera en que diferentes proveedores ofrecen el mismo servicio, según parámetros de calidad de funcionamientos universales. La calidad de funcionamiento se debería expresar mediante parámetros que (UIT, E.800):

- ✓ Tienen en cuenta todos los aspectos del servicio desde el punto de vista del usuario.

- ✓ Se centran en los efectos percibidos por el usuario más que en sus causas dentro de la red.
- ✓ Son independientes de la arquitectura o tecnologías de la red.
- ✓ Se pueden medir objetiva o subjetivamente en el punto de acceso al servicio.
- ✓ Se pueden relacionar fácilmente con los parámetros de calidad de funcionamiento de la red.
- ✓ Él o los proveedores pueden garantizárselos al usuario.

Con el objetivo de regular y establecer los parámetros de calidad para los servicios de voz y otros elementos de multimedia la UIT, organismo especializado de las Naciones Unidas en el campo de las telecomunicaciones, presenta la Recomendación G.1010 Categorías de calidad de servicio para los usuarios de extremo de servicios multimedios. Esta última define los siguientes límites para el tiempo de transmisión en un sentido (retardo), en conexiones que cuenten con un control de eco adecuado:

– de 0 a 150 ms: aceptable para la mayoría de las aplicaciones de usuario.

– mayor a 150 a 400 ms: aceptable siempre y cuando las administraciones conozcan la influencia del tiempo de transmisión en la calidad de transmisión de las aplicaciones de usuario.

– por encima de 400 ms: inaceptable a efectos de planificación general de la red; se acepta, sin embargo, que este límite pueda ser rebasado en ciertos casos excepcionales.

En la Figura 1.6 se ilustra el modelo E contenido en la Recomendación G.114 donde se reflejan los niveles de calidad y la aceptación por los usuarios en los servicios de voz.

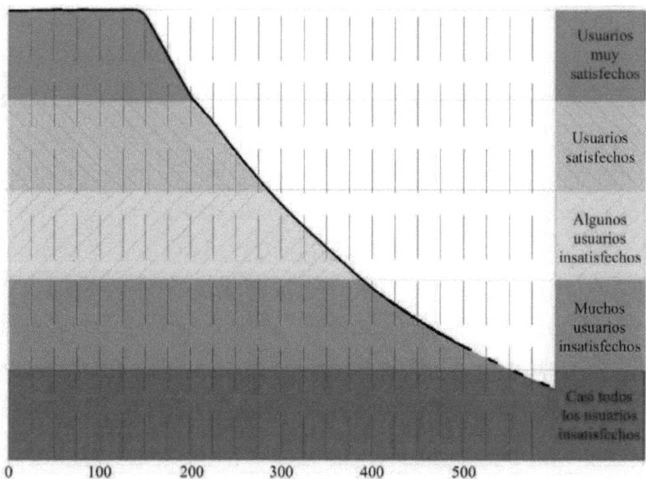

Figura 1.8. Modelo E. G.114 UIT. Tiempo de transmisión en un sentido (ms).

Por otra parte, otros parámetros como la selección del códec de audio, el eco, la variación del retardo también conocida como jitter y la pérdida de paquetes constituyen algunos de los elementos a tener en cuenta para definir la calidad de servicio en las redes corporativas. A continuación se describen los principales parámetros que afectan la calidad de voz.

Retardo

Comprende el tiempo necesario para completar el trayecto de un extremo al otro en un canal de comunicaciones (Braum & Staub, 2008). Es el tiempo que invierte el paquete en viajar desde el origen hasta el destino, en este caso el origen y el destino es el de boca a oído. En una conversación telefónica debe mantenerse por debajo de un cierto nivel para minimizar la perdida de interactividad entre los usuarios (Saldaña, 2011). La Recomendación G.114 de la UIT especifica un retardo máximo de punta a punta de 150 ms, para valores mayores de retardo la comunicación se vuelve molesta por la pérdida de interactividad: la persona que habla al percibir que su interlocutor tarda en contestar, repite sus palabras, a la vez que recibe la respuesta procedente del otro extremo (Casa, Guerra & Irigaray, 2005). La G.114, también hace referencia que independientemente del tipo de aplicación, se recomienda que el retardo no supere 400 ms para la planificación general de la red; este valor permite flexibilidad a la hora de desplegar cualquier tipo de redes, sin que resulte inaceptable para un número excesivo de usuarios.

Entre las causas que propician el retardo se encuentran el retardo del algoritmo de codificación, tiempo de empaquetado, tiempo de propagación, tiempo de transmisión, tiempos de espera en las colas de la red y el tiempo de descompresión.

Hay diversos tiempos de retardo, como el tiempo que lleva establecer un servicio determinado a partir de la solicitud de alta del usuario y el tiempo para recibir información específica una vez que el servicio está dado de alta. El retardo tiene un impacto muy directo en la satisfacción del usuario según la aplicación, y se puede producir en el terminal, la red o cualquier servidor. (G.1010, 2011). Cuando la demora de punta a punta comienza a aumentar, el efecto del eco comienza a percibirse.

Selección del códec

Entre los elementos determinantes a la hora de transmitir una señal de voz por la red está el códec. El códec a utilizar determina la tasa de bits necesaria y la calidad de la voz.

A continuación se muestra una tabla con las características de los códec más comúnmente usados en las redes corporativas.

Códec	Tasa de Datos	Tamaño de datagrama	Retardo en la paquetización	Ancho de banda requerido	(Jitter)
G.711u	64.0 kbps	20 ms	1.0 ms	87.2 kbps	2 datagramas (40 ms)
G.711a	64.0 kbps	20 ms	1.0 ms	87.2 kbps	2 datagramas (40 ms)
G.726-32	32.0 kbps	20 ms	1.0 ms	55.2 kbps	2 datagramas (40 ms)
G.729	8.0 kbps	20 ms	25.0 ms	31.2 kbps	2 datagramas (40 ms)
G.723.1	6.3 kbps	30 ms	67.5 ms	21.9 kbps	2 datagramas

MPMLQ					(60 ms)
G.723.1	5.3 kbps	30 ms	67.5 ms	20.8 kbps	2 datagramas
ACELP					(60 ms)

Tabla 1.1 Características de Códec más comúnmente utilizados.

Eco

El eco es un fenómeno acústico producido cuando una onda se refleja y regresa hacia su emisor. Cuando el tiempo transcurrido desde que se habla hasta que se percibe el retorno de la propia voz es menor a 30 ms, el efecto del eco no llega a ser percibido. Entre tanto, si el nivel del retorno es inferior a -25 dB, el efecto del eco tampoco será perceptible. En las conversaciones telefónicas comunes, el eco existe en niveles apreciables siempre que sean mayores a -25 dB, pero la demora es mínima, por lo que el eco no es perceptible. El más significativo es el producido cuando el interlocutor habla, la percepción para el hablante es que escucha su propia voz pero retrasada. Esto puede ser causado por el eco eléctrico o por el acústico.

El eco eléctrico se produce cuando se realiza un acoplamiento acústico de la señal transmitida y recibida en el receptor final. Si excede 25 ms puede provocar distracciones y romper la conversación. El hablante al final de la otra línea se escuchará a si mismo después de un periodo de tiempo.

Por otra parte, el eco acústico normalmente es una señal parásita entre 10 y 15 dB que se une a la señal acústica de la persona que esté hablando. Este eco es inapreciable si el retraso que la señal sufre no supera los 50 ms. Si se aumenta este tiempo, la persona que está hablando percibirá su propia voz.

Variaciones en la demora (Jitter)

En general, cuando se habla de jitter en las comunicaciones, se hace referencia a la variación entre el retardo de unos paquetes con respecto a otros (Saldaña, 2011). El jitter es un factor crítico en las aplicaciones en tiempo real. Cuanto más grande es la variación del retardo permitida, más grande es el retardo real para entregar los datos y más grande es el tamaño de la memoria temporal para tratar el retardo en el receptor (Stallings. W, 2000).

La eliminación del jitter demanda la recolección de paquetes y retención de los mismos con un tiempo suficiente que posibilite que el paquete más lento llegue a tiempo para ser interpretado en la secuencia correcta. La implementación de almacenamientos temporales de paquetes en el receptor conocida esta técnica además, como jitter buffers, es una de las formas de minimizar los efectos del jitter, enviándose al decodificador los bloques codificados en el emisor.

Tamaño de los paquetes

La demora y el ancho de banda requerido en la transmisión de la voz y datos sobre redes corporativas son dos los aspectos fundamentales que están determinados por el tamaño de los paquetes. La conformación de paquetes según los protocolos de datos utilizados es determinante para la transmisión de muestras codificadas de voz sobre una red de datos. En consecuencia, un paquete de datos puede contener varias muestras de voz, por lo que se hace necesario esperar a recibir varias muestras para así armar y enviar el paquete.

Esto introduce un retardo o demora en la transmisión. A simple vista sería más conveniente armar paquetes con la menor cantidad de muestras de voz. No obstante, cada paquete contiene una cantidad mínima de información de control (encabezamiento o cabecera del paquete, origen, destino, etc.) que debe ser valorada. Esta información genera una sobrecarga que no es la información real que se desea transmitir, pero afecta al tamaño total del paquete y por tanto al ancho de banda.

Pérdida de paquetes o información

La pérdida de paquetes es un elemento preponderante a tener en cuenta en lo que a servicios de voz se refiere, según Saldaña en (Saldaña, 2011) este es una de las principales causas del descenso de la calidad. Comprende los paquetes que no arribaron a su destino.

Los códecs implementan técnicas de corrección de errores para hacerlos imperceptibles al usuario, utilizando algoritmos de interpolación sobre los datos recibidos para generar la información perdida.

Sin embargo, cuando las pérdidas superan el umbral del 3 por ciento o cuando se dan en ráfagas, ya dejan de ser útiles las técnicas antes mencionadas.
En la tabla que seguidamente se relaciona se exponen valores especificados para los parámetros antes mencionados.

Aplicación	Simetría	Retardo	Jitter (ms)	Pérdida de información
Servicio de Voz	Ida y vuelta	<150 ms (Preferido) <400 ms (Máximo)	1	3%

Tabla 1.2 Objetivos de calidad de funcionamiento para servicios de voz. Según UIT – T Recomendación G.1010, Sector de Normalización de las Telecomunicaciones.

La pérdida de información tiene un efecto muy directo en la calidad de la información que se presenta al usuario. En este contexto, la pérdida de información no se limita a los errores de bit o a la pérdida de paquetes durante la transmisión, sino también a los efectos de cualquier degradación introducida por la codificación del medio para conseguir una transmisión más eficaz (G.1010, 2011).
Una buena calidad de servicio de voz es esencial para el éxito de una implementación de VoIP debido a que los usuarios están acostumbrados a una alta calidad del sistema telefónico actual.

1.3.2 Mecanismos de calidad de servicio en redes corporativas

En la actualidad existen herramientas para la obtención de calidad de servicios que aplicados en los equipos activos de una red controlan de una manera eficaz alguno de los parámetros de calidad expuestos en el epígrafe anterior. A continuación se exponen las características y el funcionamiento de los ellos.

Control de Admisión (CAC)

Para que una petición de conexión pueda ser llevada a cabo por la red, esta debe estar determinada por el control de admisión. Las principales consideraciones a tener en cuenta tras esta acción son la carga del tráfico actual, la QoS que se puede alcanzar, el perfil de tráfico pedido, la QoS solicitada, el precio y otras consideraciones de política.

Por lo tanto, esta herramienta es aplicación de una política de calidad de servicio definida en la empresa. Requiere una correcta monitorización del sistema que permita visualizar en cada momento el estado del mismo para poder aplicar esa política de admisión.

Clasificación y marcado de paquetes

Es el prerrequisito y la fundación de los servicios diferenciados, que utiliza ciertas reglas para identificar los paquetes con cierto comportamiento. Para discriminar flujos, se pueden establecer reglas de clasificación de tráfico usando los bits de prioridad del campo de tipo de servicio, la dirección IP destino, la dirección IP fuente, la dirección MAC, el número de puerto o el protocolo o los paquetes destinados a un segmento de red.

Las tecnologías de encolamiento, pueden usar la precedencia IP para manipular los paquetes. En un esquema jerárquico, se pueden recibir los resultados de la clasificación de la red hechos por las etapas superiores selectivamente o se pueden reclasificar los paquetes con sus propios estándares.

Conformado y vigilancia de tráfico

Para evitar considerable congestión en la red se hace necesario el empleo de restricciones al tráfico de los usuarios. Esto se traduce en un funcionamiento más eficiente de la red y mejores servicios.

El conformado y la vigilancia de tráfico son políticas de monitoreo para ajustar el tráfico y los recursos a una especificación de los mismos. Conocer cuando el tráfico excede esta especificación o no, es un prerrequisito para efectuar tanto el conformado como la vigilancia de tráfico.

Herramientas de gestión de congestión

Desde el punto de vista de un dispositivo de red, la congestión ocurrirá en el elemento donde la razón de paquetes entrantes sea más rápida que la razón de envíos. Si no hay suficiente capacidad para almacenar esos paquetes, una parte de ellos se perderá, lo que puede ocasionar la retransmisión por parte de las respectivas fuentes el producto de la expiración del temporizador, conduciendo esto a un círculo vicioso.

La gestión de la congestión adopta como estrategia la tecnología de colas. El sistema clasifica el tráfico usando un tipo de algoritmo de encolamiento y lo enviará entonces siguiendo un algoritmo de preferencia. Cada algoritmo de encolamiento se usa para manipular un problema de tráfico en la red particular y tiene un gran impacto en la asignación del ancho de banda, en las demoras y en el jitter.

Encolamiento FIFO: determina el orden de salida de los paquetes en dependencia de su orden de llegada. En un enrutador, los recursos asignados para el tráfico de datos de los usuarios se basan en el orden de llegada de los paquetes y en el estado de carga actual de la red. Los servicios basados en la filosofía del mejor esfuerzo utilizan algoritmos FIFO de encolamiento.

Encolamiento por prioridades (EPP): este mecanismo de priorización se caracteriza por definir 4 colas con prioridad alta (top), media (middle), normal (normal) y baja (bottom), Además, es necesario determinar cuáles son los paquetes que van a estar en cada una de dichas colas, sin embargo, si estas no son configuradas, serán asignadas por defecto a la prioridad normal. Por otra parte, mientras que existan paquetes en la cola alta, no se atenderá ningún paquete con prioridad media hasta que la cola alta se encuentre vacía, así para los demás tipos de cola.

Encolamiento justo por peso (EJP): divide el tráfico en flujos, proporciona una cantidad de ancho de banda justo a los flujos activos en la red, los flujos que son con poco volumen de tráfico serán enviados más rápido. Es decir, EJP prioriza aquellas aplicaciones de menor volumen, estas son asociadas como más sensibles al retardo. Por otra parte, penaliza aquellas que no asocia como aplicaciones en tiempo real.

Encolamiento personalizado (EP): mecanismo que asigna un porcentaje de ancho de banda disponible para cada tipo de tráfico y especifica el número de paquetes por cola.

Herramientas de prevención de congestión

Las técnicas de prevención de congestión supervisan las cargas de tráfico de la red en un esfuerzo por anticiparse y evitar la congestión de los comunes cuellos

de botella de la red, como opuesto a técnicas que operan para controlar la congestión de la red después de que esta ocurre.
Los algoritmos de detección temprana al azar y de detección temprana al azar por peso son diseñados para evitar la congestión entre redes antes de que esta se vuelva un problema.

1.4 Estudio del estado real de las tecnologías de telecomunicaciones y de calidad de servicio que se encuentran en la red corporativa SERTOD

La Empresa de servicios de telecomunicaciones a los órganos de la defensa (SERTOD) fundada el primero de abril del 2003, tiene como en cargo social el diseño, expansión, instalación, moderación, mantenimiento y operación a la red Coraza, red de comunicaciones que constituye patrimonio de la entidad. También, la prestación de servicios de telecomunicaciones para la defensa, ETECSA y otras entidades del Ministerio de las comunicaciones, así como, la elaboración de proyectos y ejecución de obras de ingeniería y sistema de protección contra rayo.
SERTOD posee una estructura de alcance nacional, compuesta por una oficina central y tres divisiones territoriales que abarcan las zonas de occidente, centro y oriente, localizadas en La Habana, Villa Clara y Holguín respectivamente. De la misma forma tiene una red corporativa que responde a la estructura antes mencionada con un nodo principal tres nodos secundarios.
Partiendo de una revisión realizada en el nodo de comunicaciones de la Unidad Empresarial de Base (UEB) en Oriente y a las entrevistas realizadas a los administradores de la red en las restantes UEB de SERTOD, se identificó el alto grado de similitud con respecto al equipamiento tecnológico instalado para la gestión de las comunicaciones de la red corporativa SERTOD.
Por otra parte, la infraestructura tecnológica actual en explotación no satisface en su totalidad las necesidades internas de la organización, no permite realizar una mejora en cuanto a los sistemas de comunicación y el flujo de información. Tampoco, el uso apropiado de los recursos organizacionales es aprovechado y por ende no se permite el crecimiento en cuanto a la estructura empresarial.
La composición actual de la red corporativa está dada por la red de datos y la red telefónica las cuales no tienen vinculación entre ellas. La red de datos emplea

conectividad brindada por la red ENET perteneciente al proveedor de servicios ETECSA, el ancho de banda disponible es de 512 Kbps para la oficina central y 64 Kbps para cada una de las UEB. A su vez la red de telefonía está sustentada por el servicio tradicional y es contratado con el proveedor antes mencionado. Esta red tiene su enlace a través de un equipo conformador de flujo PCM con limitadas prestaciones. La telefonía funciona bajo las tarifas vigentes para los servicios telefónicos. Ver en el Anexo 2 el diseño de funcionamiento.

El equipamiento existente imposibilita la implementación de protocolos de calidad de servicio en los mismos, carece además de prestaciones para gestionar los parámetros de calidad del servicio de voz en la red. Otros elementos que enriquecen y permiten entender mucho mejor todo lo expuesto, pueden ser consultados en la tabla que se muestra a continuación.

No.	Parámetros	Existente		
		Equipo PCM	Conmutador S2016	Modem SHDSL
1	Mecanismos QoS	NO	SI	NO
2	MODELO OSI	NO	CAPA II	NO
3	Manejable	SI	SI	SI
4	Enlace físico de fibra óptica	NO	NO	NO

Tabla 1.3 Equipamiento activo de telecomunicaciones en explotación en la red corporativa.

Los dispositivos activos de la red poseen su configuración por defecto, la que utiliza el parámetro de calidad de servicio encolamiento FIFO para el envío de paquetes. El modelo de operación utilizado es Best Effort (mejor esfuerzo), por lo que existe un solo parámetro de calidad de servicio común a todos los equipos. Existen las problemáticas que a continuación se muestran:

- ✓ Todas las aplicaciones en la red corporativa son atendidas por el orden de llegada, sin distinción alguna.
- ✓ Envío de paquetes de gran tamaño en la red corporativa.
- ✓ Diferencia de ancho de banda en los nodos de las estructuras de la red corporativa.

Para realizar una gestión con calidad del servicio de voz y que la telefonía de VoIP pueda utilizarse acorde a la necesidad de la alta dirección todos estos problemas deben ser resueltos.

Las fundamentales consecuencias de la ausencia de parámetros de calidad del servicio de voz en la red de corporativa y la evidente desactualización tecnológica se traducen en que la calidad del servicio de voz esté por debajo de los parámetros requeridos para establecer conversaciones satisfactorias y den al traste que la administración de la empresa se vea imposibilitada de emplear la telefonía VoIP en toda su extensión. La insuficiente calidad en el establecimiento de las comunicaciones entre las distintas UEB territoriales atentan contra un satisfactorio desarrollo de los consejos de dirección no permitiéndose establecer audio conferencias.

Por otra parte, la sobre explotación de la telefonía fija como alternativa de comunicación de la alta dirección provoca el sobregiro en los indicadores económicos, particularmente en los servicios comprados por concepto de teléfonos y navegación al emplearse la red de telefonía pública y no la red corporativa de la empresa en el establecimiento de las comunicaciones intraempresariales tributándose a una afectación del pago de la estimulación en moneda nacional y pesos cubanos convertibles a todos los trabajadores.

Por lo antes planteado, se hace necesario garantizar una actualización en la infraestructura tecnológica para que la misma esté acorde a las necesidades actuales. Así como, realizar una correcta gestión del servicio de la red que propicie el establecimiento de enlaces de voz satisfactorios en la red corporativa SERTOD. De esto último se encarga esta investigación a través de: aplicar políticas de calidad en el servicio de voz sobre IP estableciendo los parámetros que mejor describen este tipo de servicio y propiciando que la administración de la empresa solvente la necesidad de comunicación existente, constituyendo estos los principales aportes prácticos de la tesis.

1.5 Conclusiones parciales

En este capítulo se describieron los elementos conceptuales sobre los cuales se sustenta la telefonía tradicional y el contexto actual en el que se desarrolla la investigación. Se realizó un acercamiento a los fundamentos del servicio de voz sobre IP en redes corporativas con el propósito de obtener el conocimiento necesario acerca de los elementos sobre los cuales se sustenta el VoIP y la gestión de la calidad de los servicios.

Además, se realiza un diagnóstico del estado real de la infraestructura tecnológica de telecomunicaciones que se encuentran en explotación en la red corporativa de SERTOD detectándose las principales deficiencias, favoreciendo esto al posterior desarrollo de los valores de configuración de la red corporativa SERTOD para alcanzar un estado superior en la calidad del servicio de voz sobre IP.

De los aspectos abordados en este capítulo se puede concluir que:

- ✓ La administración no puede emplear el servicio de voz sobre IP como un servicio de calidad para las comunicaciones entre las UEB territoriales y facilitar el flujo informativo constante entre ellas.
- ✓ El equipamiento en uso y el soporte de telecomunicaciones de la red corporativa están envejecidos y no cumplen con los requerimientos actuales para la explotación de los servicios de voz con calidad.
- ✓ El establecimiento de los parámetros de configuración para la gestión del servicio de voz en la red corporativa de SERTOD es prácticamente nula, pues solo existe el establecido por defecto en los equipos.

CAPÍTULO 2. DESCRIPCIÓN DE LA SOLUCIÓN PROPUESTA PARA LA RED CORPORATIVA SERTOD

En el presente capítulo se describe el proceso a seguir para establecer los valores de configuración de la red corporativa SERTOD mediante la actualización tanto del hardware como el software a emplear. Además, se exponen los parámetros de calidad de servicios y protocolos en la red que tributen a una correcta gestión del servicio de voz a través de la aplicación un conjunto de políticas de calidad. Se culmina el capítulo con una evaluación de los resultados obtenidos.

2.1 Introducción de mejoras en equipos tecnológicos y políticas de calidad en la red corporativa

SERTOD es una entidad que presta servicios de telecomunicaciones y su encargo estatal así lo refleja; fortalecer la defensa del país con la prestación de servicios de telecomunicaciones en la red especial de los órganos de la defensa, la ejecución de obras e instalación de redes de telecomunicaciones mediante la ejecución del plan inversionista que contemple el mantenimiento, la expansión y modernización de la red que asegure un funcionamiento correcto y un servicio de telecomunicaciones con la calidad exigida. En su proceso inversionista ha adquirido equipamiento tecnológico con disímiles prestaciones para satisfacer las demandas de sus clientes externos.

2.1.1 Selección y características del equipamiento tecnológico

La tecnología es un aspecto fundamental dentro de una organización ya que gracias a ella se soporta toda la infraestructura de comunicaciones, se realizan la mayoría de las operaciones del flujo informativo y su consulta permanente. La actualización frecuente del equipamiento tecnológico es imprescindible para el correcto funcionamiento de la entidad, para que la administración y los usuarios en general reciban o entreguen las informaciones que tributan a la toma de decisiones en el momento indicado. Además, en muchos casos, una falla tecnológica en alguno de los equipos puede hacer que los resultados arrojados sean erróneos y eso pude acarrear graves consecuencias.

Partiendo de los resultados del diagnóstico realizado en el capítulo anterior las tecnologías actuales en explotación en la red corporativa no satisfacen en su totalidad las necesidades internas de la organización, éstas no permiten una mejora en las comunicaciones y el flujo de información entre la alta dirección de la entidad.

Es necesario gestionar la red corporativa introduciendo tecnología que soporte los servicios y facilidades que hoy son requeridas por la alta dirección empresarial. Es importante tener en cuenta la tecnología cualquiera que sea la que se emplee para actualizar la red corporativa debe cumplir ciertas características y parámetros que a continuación se muestran:

- ✓ Conmutadores y enrutadores que sean gestionables, posibilitando el establecimiento de parámetros de calidad de servicio.
- ✓ Dispositivo gestionable que realice la conversión, paquetización y envío de la señalización y las tramas de voz emitida desde las extensiones telefónicas.
- ✓ Conmutadores y enrutadores que operen sobre la capa III del modelo OSI.
- ✓ Conmutadores que permitan la programación de redes virtuales.
- ✓ Existencia física de interfaces ópticas en el equipamiento tecnológico.

Actualmente, en el mercado internacional y nacional se comercializan equipamiento tecnológico que se ajusta a los requisitos antes mencionados. Variedad de proveedores y marcas son de fácil acceso siempre que se te tenga el financiamiento para su compra.

Partiendo de la necesidad de introducir mejoras en la estructura de la red corporativa y de la disponibilidad de tecnología que cumple con los requisitos necesarios se propone el siguiente diseño red corporativa para cada nodo:

- ✓ Emplear enrutador Quidway AR-1833 para garantizar la conectividad a la red ENET.
- ✓ Utilizar el servidor PBX para la gestión y control el servicio de voz.
- ✓ Incorporar al servidor PBX tarjeta PCI TDM410P compuesta por cuatro módulos FXO y un módulo cancelador de eco. A los módulos FXO se les conectarán las líneas del servicio de telefonía tradicional suministrados por

el proveedor ETECSA garantizando la vinculación de la empresa con la red de telefonía pública.

✓ Añadir el dispositivo de acceso integrado IAD 132 E. (*Integrated Access Device*, por sus siglas en inglés) para la conexión de todos los usuarios del servicio de voz.

✓ Utilizar el concentrador Quidway S3300 para la interconexión de todos los equipos tecnológicos de la red, de manera que la red de datos y la red de telefonía queden enlazadas.

En el Anexo 3 se expone el diagrama con el nuevo diseño de funcionamiento de la red corporativa. A continuación se muestra una comparación del equipamiento activo en la red corporativa y el nuevo diseño.

No.	Parámetros	Equipos existentes			Equipos en el nuevo diseño de la red			
		Equipo PCM	Conmutador S2016	Modem SHDSL	Enrutador SHDSL AR-1833	Conmutador S3300	IAD132 E	PBX
1	Parámetros de calidad de servicios	NO	SI	NO	SI	SI	SI	SI
2	Protocolos de voz	NO	NO	NO	NO	NO	SI	SI
3	Gestionable	SI	SI	SI	SI	SI	SI	SI
4	Enlace físico de fibra óptica	NO	NO	NO	NO	SI	SI	NO

Tabla 2.1 Comparación del equipamiento activo de telecomunicaciones en explotación y propuestas.

Un aspecto de vital importancia en la red corporativa es el equipamiento tecnológico. Estos equipos permiten que se le incorporen parámetros de calidad de servicio, por lo que se hace necesario analizar los mismos, ya que estos constituyen el arsenal de herramientas utilizables y por tanto intervienen directamente en la de calidad del servicio de voz.

Enrutadores

Los enrutadores a emplear en la red corporativa pertenecen a las series AR18/28, en particular al modelo AR1833. Este modelo implementa mecanismos de calidad de servicio tales como monitoreo de tráfico, gestión de congestión, prevención de la congestión, conformación de tráfico y el control de velocidad. Ver su configuración en el Anexo 4.

Concentradores

Los concentradores a emplear son de la serie S3000, los mismos implementan mecanismos de calidad de servicio como el control de ancho de banda y colas de diferente prioridad en sus puertos. Los dispositivos de este tipo son manejables y son la tecnología más usada en la actualidad para interconexión de equipos.

Dispositivos de acceso integrado IAD132 E

El dispositivo de acceso integrado (IAD) a utilizar es el modelo IAD132 E proveen servicios de voz a los usuarios de las redes corporativas que se conecten a él. Su aporte a la calidad del servicio de voz es significativo de acuerdo a los códecs de audio G711a, G711u, G723 y G729 empleados por él.

En el caso particular, el IAD132 E posee una capacidad de hasta 32 líneas analógicas conectadas, utiliza los protocolos SIP e IAX2 para la gestión de los servicios de voz. Ver configuración en el Anexo 5.

2.1.2 Definición de los parámetros de calidad de servicios de voz y mecanismos

La definición de parámetros de calidad de servicio permite controlar características significativas de los enlaces de voz asegurando un grado de fiabilidad preestablecido que cumpla los requisitos de tráfico, en función del perfil y ancho de banda del flujo de datos en la red corporativa.

La motivación para lograr calidad de servicio en el entorno de la red corporativa está dada en priorizar aplicaciones de voz en la red corporativa que requieren un alto nivel de servicio, maximizar el uso de la infraestructura de red, manteniendo un margen de flexibilidad, seguridad y crecimiento para servicios emergentes. Además, proporcionar parámetros para priorizar el servicio de voz y dimensionar los recursos de forma óptima en función del número de usuarios y del nivel de disponibilidad.

Seguidamente se listan los parámetros a gestionar en la calidad del servicio de los enlaces de voz que permitirán una mejora en su rendimiento:

- ✓ Códec de audio.
- ✓ Eco.

✓ Retardo.

✓ Tamaño de paquetes.

✓ Pérdida de paquetes.

Para alcanzar una mejora en la calidad del servicio de voz y elevar el rendimiento de los parámetros antes mencionados se hace necesario el empleo de herramienta y mecanismos para este fin, los cuales son explicados en el capítulo anterior. A continuación se exponen los seleccionados a aplicar para garantizar una correcta calidad del servicio:

Conformado de tráfico: este mecanismo funciona almacenando aquellos paquetes que son enviados en la red corporativa que sobrepasan la razón especificada, lo que se traduce en un aumento de las demoras, por lo que este método debe ser combinado con una política de prioridad, para lograr que los paquetes demorados no sean los de los enlaces de voz sino los de los otros servicios que no son susceptibles a las demoras.

Para realizar la discriminación del tráfico en la red corporativa se establecen dos tipos de tráficos, uno es el de los servicios de voz y el otro para los restantes servicios. Esto se logra mediante la definición de una lista de control de acceso o ACL (*Access Control List,* por sus siglas en inglés) la cual permite controlar el flujo del tráfico entrante y saliente en la red corporativa.

Encolamiento por prioridades (EPP): es una técnica de gestión de la congestión para los enrutadores y con la necesidad de separar de los enlaces de voz del resto de los servicios se asigna a los enlaces de voz la cola "top" y la cola "bottom" al resto del tráfico en la red corporativa.

Paquetes de gran tamaño: los paquetes de gran tamaño se adueñan durante mucho tiempo del canal de comunicaciones de la red corporativa lo que conlleva grandes demoras para los paquetes de voz, degradándose considerablemente este servicio. Disminuir el tamaño de los mismos es imprescindible para que el servicio de voz pueda cumplir con los requerimientos de calidad.

Para reducir el tamaño de los paquetes se altera la unidad máxima de transmisión o MTU (*Maximum Transmission Unit*, por sus siglas en inglés). Este representa el máximo tamaño que puede tener un paquete que vaya a transitar por el enlace. El valor que se le asigna al MTU obliga a la fragmentación de aquellos paquetes que exceden la especificación dada. Esto permitirá reducir las demoras sufridas por los paquetes de voz en la atención a las colas, lo que se traduce en que el servicio de voz cumplir entonces con sus requerimientos en cuanto al retardo y jitter, garantizándose así la calidad del servicio.

2.1.3 Selección del servidor de servicios de voz

Como se menciona en anterior capítulo, para la gestión de los enlaces de voz en redes IP se necesita la utilización de servidores especialmente diseñados para este propósito. Existen en la actualidad una gran variedad de ellos las características específicas de cada uno, así como las necesidades funcionales requeridas, determinan la elección para cada proyecto en particular, y se hace necesario en tal proceso de selección el diagnóstico no sólo de las generalidades, sino también de las particularidades de los mismos.

Partiendo de la diversidad de PBX existentes, se analizaron haciendo énfasis fundamentalmente en los siguientes:

3CX: es gratis, de código cerrado por lo que no se puede modificar y es compatible con el sistema operativo Windows, se instala con todos sus componentes por defecto lo que provoca un sacrificio de los recursos del sistema, el hardware es adaptable según la magnitud del proyecto. Facilita un historial de usuarios y su gestión es vía web por los propios usuarios.

Elastix: al igual que 3CX es gratis, de código abierto por lo es posible modificación y es compatible con él varias distribuciones de Linux, se instala con todos sus componentes por defecto lo que provoca un sacrificio de los recursos del sistema, el hardware es adaptable según la magnitud del proyecto. Facilita un historial de usuarios y su gestión es vía web por los propios usuarios.

PBX a base de hardware: no es gratis, es propietario por lo que no se puede modificar a nivel de software, es multiplataforma, se instala con todos sus componentes por defecto lo que provoca un sacrificio de los recursos del sistema, el hardware es específico y con poca compatibilidad entre los diferentes fabricantes. Facilita un historial de usuarios y su gestión es vía web por los fabricantes.

Se tuvo en cuenta además a Asterisk, que es uno de esos software PBX gratis desarrollado bajo la filosofía del código abierto y ha utilizado las potencialidades de la misma para su mejora. Cabe decir que hoy día es uno de los softwares PBX más populares. Su instalación es personalizada pues se añaden componentes de acuerdo a las necesidades de los usuarios, multiplataforma que incorpora las características comunes de las PBXs tradicionales además de añadir nuevas funcionalidades, el hardware es adaptable según la magnitud del proyecto soportando numerosos tipos de hardware que proporcionan conectividad con las redes telefónicas actuales. Además, trabaja con los protocolos de voz SIP e IAX2 más utilizados, protocolos sobre los cuales trabaja el equipo IAD132 E.

A partir de un examen comparativo de las especificidades, requerimientos tecnológicos, limitaciones, complejidad, experiencia de trabajo, escalabilidad, flexibilidad, compatibilidad y seguridad se decidió elegir a Asterisk como servidor PBX para la red corporativa SERTOD. El esquema de funcionamiento se muestra en la Figura 2.1.

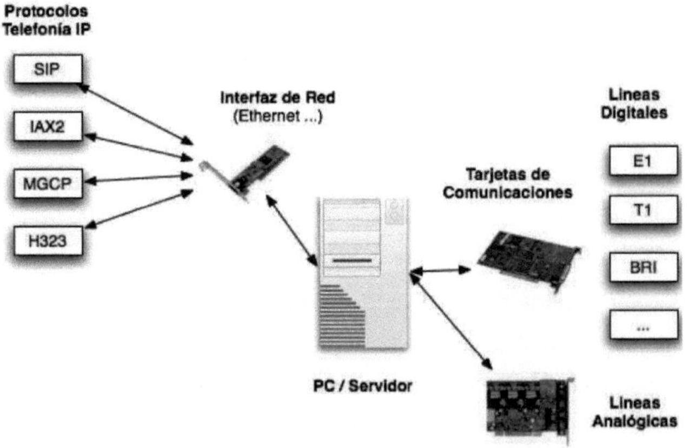

Figura 2.1. Esquema funcional PBX Asterisk.

2.2 Aplicación de las políticas de calidad

2.2.1 Establecimiento de los parámetros de calidad de servicios de voz

El establecimiento de parámetros de calidad de servicio posibilita elevar el rendimiento de los enlaces de voz a en la red corporativa SERTOD. Para alcanzar ese estado deseado se hace necesario el empleo de herramientas o mecanismo de calidad servicio. En lo adelante se describen los valores o elementos definidos para cada uno de los parámetros de calidad de servicio en los enlaces de voz.

Selección del Códec de audio

La selección del códec de audio es un elemento fundamental dentro los parámetros de calidad de los servicios de voz, este debe estar directamente relacionado con el ancho de banda disponible en la red corporativa. El objetivo principal a la hora de su selección es encontrar un equilibrio entre eficiencia y calidad de la voz. En el capítulo anterior se hacer referencia al ancho de banda disponible en la red corporativa SERTOD que es de 512 Kbps y 64 Kbps para la Oficina central y las UEB respectivamente, por lo que el códec seleccionado no debe sobrepasar el consumo de la menor cuota.

Otro aspecto a tener en cuenta lo constituye la compatibilidad con el equipamiento tecnológico existente. Por lo que teniendo en cuenta que el equipo existente (IAD132 E) emplea los códecs G711a, G711u, G723 y G729 se ha seleccionado el G.729 por ser el de menor consumo de ancho de banda con solo 8 Kbps.

Para establecer el uso del códec G.729 se realiza en equipo la configuración de este parámetro mediante la línea de comandos siguiente pues por defecto el códec G.723 es el que está en uso:

sip send-capability voip ***pri*** *0 G729* ***ptime*** *10ms*

- ***pri*** alcanza valores de 0 a 9. El valor 0 incida la máxima prioridad.

- ***ptime*** abarca los rangos de tiempo (milisegundo) de 10ms, 20ms y 30ms.

La configuración de los parámetros del IAD132 E se expone en el Anexo 5.

Eco

En un enlace de voz la percepción del eco es un factor que el usuario aprecia inmediatamente pues causa una sensación de incomodidad la escucha repetida y distorsionada de la información emitida por el interlocutor. Para contrarrestar el efecto del eco en los enlaces de voz de la red corporativa se ha incorporado un dispositivo de hardware que suprime el eco que pueda generarse.

El cancelador de eco, nombre que recibe el dispositivo antes mencionado, es uno de los módulos de la tarjeta PCI TDM410P incorporar al servidor PBX.

Retardo, tamaño de paquetes y pérdida de paquetes

El retardo, el tamaño de paquetes y la pérdida de estos son parámetros que tiene una relación muy estrecha entre ellos. Seguidamente se describen los mecanismos de calidad de servicios desarrollados para su mejor rendimiento.

Los mecanismos de calidad de servicios serán implementados en los equipos tecnológicos activos, comunes tanto al nodo principal como a los nodos secundarios. La razón, es que estos dispositivos, poseen no solo la capacidad de soportar este tipo de prestaciones, sino que se encuentran situados en el lugar ideal para que estos mecanismos funcionen eficazmente, como se expresó anteriormente. Se emplea el Manual de Operaciones VRP 3.4 del fabricante HUAWEI para la gestión de los equipos tecnológicos.

Con el fin de garantizar la integridad de los datos en su envío a través de la red corporativa y llevar a cabo el conformado de tráfico se hace necesario que estos no sobrepasen los límites de ancho de banda contratado, o sea, 512 Kbps para el tráfico de la oficina central y 64Kbps desde y hacia las diferentes UEB.

Para lograr lo antes mencionado hay que establecer los parámetros de razón de transmisión en la línea (LR) en el enrutador del nodo de la UEB configurándolo de la siguiente forma:

qos lr ***cir*** 65536 ***cbs*** 65536 ***ebs*** *0*

- ***cir***: committed-information-rate. Está en el rango de 8000 a 155000000 bps. Parámetro que constituye la especificación a la que debe someterse el tráfico que cursado por esta interfaz. Por lo tanto, debe configurarse a 65536 bps (64 Kbps) en este caso.

- ***cbs***: committed-burst-size. Está en el rango de 15000 a 155000000 bits. Este parámetro constituye una medida del tamaño de ráfaga que es tolerada más allá del ***cir***. No debe sobrepasar los 64 Kbps, su valor debe ser 65536 bits.

- ***ebs***: excess-burst-size. Está en el rango de 0 a 155000000 bits. El valor por defecto es 0 y constituye una medida del tráfico que se tolera por encima del ***cbs***, por lo su valor debe ser será 0.

Continuando con el conformado de tráfico, la implementación de ACL para clasificar el tráfico es vital para la gestión de la calidad de los servicios de voz al independizar estos del resto de los servicios de la red corporativa. La ACL se efectúa en el enrutador del nodo principal:

*acl **number 3999 match-order config***

- ***número-de-acl***. Número que identifica la lista de control de acceso. Está en el rango de 1000 a 1999 para las ACL basadas en la interfaz. En el rango de 2000 a 2999 para las básicas, en el rango de 3000 a 3999 para las avanzadas y en el rango de 4000 a 4999 para las ACL basadas en las direcciones. En este caso se emplea una ACL avanzada por lo que el número asignado debe elegirse en el rango de 3000 a 3999. Se asigna el valor 3999.
- ***match-order***. Indica el orden en que las reglas, en caso de haber varias, serán configuradas. En este caso solo se asigna una regla
- ***config***. Indica asociar las reglas de acuerdo al orden en que el usuario las configuró. En este caso se asigna este valor al comando, de modo que si en el futuro se crean nuevas reglas, estas no estorben el funcionamiento de las políticas.

Con la lista de control de acceso implementada es necesario definir que tráfico se clasifica como enlace de voz y cual no, para esto se le define una regla para la ACL con la dirección IP del servidor PBX y de esta forma todo el tráfico proveniente de ese origen queda marcado como enlace de voz y con una prioridad sobre los restantes servicios.

*rule **permit IP destination** XXX.XXX.XXX.XXX*

- ***permit/deny***. Permite o descarta los paquetes que coincidan con la ACL. En este caso se permiten los paquetes.
- ***destination***. Es opcional y especifica la dirección destino de los paquetes que para que coincidan con la regla de ACL. En este caso se usó la

dirección IP del servidor PBX, por motivos de seguridad esta dirección no se muestra.

Por otra parte, con el mecanismo EPP, como se menciona en el epígrafe anterior, se asigna a los enlaces de voz a la cola *top* y la cola *bottom* al resto del tráfico en función de garantizar la diferenciación entre los servicios de voz y los restantes servicios de la red corporativa. Los parámetros del EPP se configuran en los enrutadores de todos los nodos de la red corporativa de la siguiente forma:

qos pql ***1 protocol IP udp 4569 queue top***

- ***1*** es ***índice-de-pql***: puede estar en el rango de 1 a 16. Este parámetro identifica la lista del EPP en particular.
- ***IP*** es ***nombre-de-protocolo***. Tipo de protocolo.
- ***udp*** es ***acceso-a-cola***. Este parámetro define la característica general que se usa en la clasificación del tráfico al que se asocia una cola en específico. Los valores que acepta son: *fragments, acl, less-than, greater-than, tcp, udp*. En este caso se usará udp, puesto que el servicio de voz sobre IP emplea este protocolo para su transporte.
- ***4569*** es ***valor-de-acceso***. Este parámetro complementa el anterior, es el puerto por el cual se transme, se configura el 4569, que es el utilizado por el servidor PBX Asterisk.
- ***queue:*** *top, middle, normal y bottom*. Las colas de prioridades, en orden descendiente. A esta cola se asocia el tráfico que resulte de aplicar la regla determinada por los dos parámetros anteriores (acceso-a-cola y valor-de-acceso). La cola por defecto, es decir, a la que se asigna el tráfico que no cumpla con los dos parámetros anteriores, es la normal.

Es decir, el enrutador le da prioridad a todos los paquetes ***IP*** que lleguen marcados como ***udp*** por el puerto ***4569***, donde la cola ***top*** no es más que los enlaces de voz. Ahora, los restantes paquetes pertenecientes a los otros servicios de la red se asignan a la cola ***bottom***, de la siguiente forma:

qos pql ***1 default-queue bottom***

Continuando con las mejoras en los parámetros de calidad del servicio de voz, cabe mencionar que, si la prioridad de los paquetes es importante en para no dar lugar al retraso de los datos, el tamaño de esos paquetes también juega un papel significativo. Como se expone en el epígrafe anterior, el MTU se encarga de "obligar" a la fragmentación de aquellos paquetes que exceden su valor. Para logar esto, en el enrutador se procede de la manera siguiente:

***mtu** 600*

- ***mtu***. Está en el rango de 128 a 1500 bytes. En este caso se asigna un MTU de 600 bytes. Por tratarse de un ancho de banda que dispone solo de 512 kbps, a esta velocidad, 600 bytes suponen una demora de 8 ms. Valores mayores al asignado no proporcionaron los resultados esperados. En el caso del nodo secundario para el ancho de banda de 64 Kbps el valor asignado es 400, también con pruebas negativas por encima de este valor.

En el Anexo 4 se pueden apreciar las principales configuraciones de los parámetros antes mencionados. A continuación se muestra una tabla con el resumen de los parámetros de calidad del servicio de voz.

No.	Parámetros de calidad de servicios de voz	Valores definidos
1	Selección de códec	- G.729
2	Eco	- Módulo cancelador de eco
3	Retardo	- Conformado de tráfico de la red corporativa: 1. Límites en ancho de banda. 2. Clasificación del tráfico de la red en servicios de voz y el resto de servicio. - Encolamiento por prioridades, asignándole prioridad a los servicios de voz. - Establecer límites para el tamaño de los paquetes de datos en la red corporativa.
4	Tamaño de los paquetes	
5	Pérdida de paquetes	

Tabla 2.2 Resumen de los parámetros de calidad del servicio de voz.

2.2.2 Configuración del servidor PBX Asterisk y protocolos de servicio de voz

Para la gestión y control de una forma eficiente y con la calidad adecuada para los servicios de voz, de acuerdo a los requerimientos de la administración de SERTOD, para facilitar el flujo de la información entre los usuarios internos y las restantes estructuras territoriales se encuentran la utilización del servidor PBX mediante el Asterisk, en su distribución Trixbox. En la PBX se establecen un conjunto de protocolos que se encargan de gestionar los privilegios y servicios de cada usuario existente en la red corporativa.

Protocolo de inicio de sesión y protocolo de intercambio entre Asterisk 2

El Protocolo de Inicio de Sesiones, referenciado en el capítulo anterior, define elementos tales como variables generales, extensiones telefónicas, servidores y líneas telefónicas troncales. Su configuración se realiza sobre el fichero *sip_general_custom.conf* y sirve además como canal de comunicación entre el servidor PBX y el equipo IAD132 E.

Por otra parte, el protocolo de Intercambio de Asterisk en su versión dos es el encargado de establecer conexiones de los enlaces de voz entre servidores y entre usuarios y servidores que utilicen este protocolo. IAX2 se utilizará para definir los parámetros de enlaces de voz entre la estructura nacional y las territoriales a través de la creación de un trocal telefónico que permite establecer llamas de larga distancia libres de costos mediante el uso de la red corporativa y no empleándose la red telefónica tradicional para estos fines. La definición de los parámetros de IAX2 se realiza en el fichero *iax_general_custom.conf*.

A los ficheros que contienen los parámetros de configuración de ambos protocolos se accede a través de la interfaz de gestión expuesta en el Anexo 6.

Servicios y privilegios de los usuarios internos y externos

La definición de los servicios disponibles asociados al establecimiento de los enlaces de voz para los usuarios de la red corporativa SERTOD, así como los privilegios de cada uno estos constituyen un aspecto fundamental en la administración eficaz de la telefonía VoIP en el entorno empresarial. Tanto es así que es posible definir a que o hacia que usuario se realiza el enlace de voz y durante qué tiempo se establece el mencionado enlace. El servidor PBX tramita a los usuarios internos como extensiones y los privilegios de cada uno de ellos como contextos.

Un contexto para el servidor PBX no es más que un grupo de reglas de marcado para las extensiones. Estos definen diferentes secciones, cada una con propósitos específicos. Además, el uso de contextos permite restringir el flujo de llamadas

entre los usuarios; si se quiere restringir el acceso a ciertos servicios tales como llamadas de larga distancia, llamadas a celulares o a números especiales entonces, los contextos es la mejor manera de organizar las extensiones.
Los servicios de audio conferencias, estadísticas y reportes en línea para la administración de la entidad fueron unos de los principales servicios habilitados, además de otros como la identificación de llamadas, el correo de voz, la operadora automática, la transferencia y reportes detallados de llamadas, registro de llamadas contestadas y no contestadas, registro de números marcados. Las extensiones y contextos son gestionados por en un fichero nombrado *extensions.conf*. En este fichero se define la estrategia a seguir para resolver los enlaces de voz solicitados por las extensiones. Para acceder a *extensions.conf* se utiliza la interfaz de gestión ya mencionada. Para la agrupación de los usuarios, los servicios y sus privilegios se definen tres niveles:
Interno: acceso a todos los usuarios de la red corporativa SERTOD (Incluido la dirección de la empresa y las estructuras territoriales).
Local: acceso desde la red corporativa a usuarios externos de la provincia de residencia.
Larga Distancia (LD): acceso desde la red corporativa a usuarios externos de las restantes provincia del país.
En cuanto al establecimiento de los enlaces de voz desde y hacia el exterior de la red corporativa el servidor PBX se apoya en el hardware TDM410P (ver Anexo 5), dispositivo que trabaja utilizando un protocolo particular, el Zapata (ZAP). Para ZAP se definen los ficheros *zapata.conf* y *zapata-channels.conf*, para acceder a ellos ver el Anexo 6.

2.3 Evaluación de la solución

Si para evaluar los resultados se parte de que inicialmente en la red corporativa los servicios telefónicos no poseían la calidad requerida y estos no constituían una herramienta que posibilitara establecer audio conferencias para la realización de consejos de dirección a nivel nacional y territorial, así como la canalización oportuna de información se tiene que; al restructurar la infraestructura tecnológica de la red corporativa se logró reducir establecimiento de llamadas mediante la red telefónica convencional. Además, dar un mejor empleo al servicio de voz sobre IP, favoreciendo a un prolongado establecimiento de llamadas de larga distancia con la calidad establecida y libre de costo. Con lo anterior se logra la factibilidad de las conferencias mediante la vía telefónica, permitiendo accionar y tomar decisiones con una mayor efectividad.

A continuación se muestra la evaluación de los resultados obtenidos con la aplicación de la modernización tecnológica y el establecimiento de parámetros de calidad del servicio de voz. Esta evaluación se realiza partiendo de dos elementos fundamentales tales como el impacto tecnológico medido a través de la aplicación de técnicas de estadística descriptiva y el impacto económico con la comparativa de un período evaluativo.

Impacto tecnológico

Para la medición del impacto tecnológico se realiza una comparación entre los dos estados de la red corporativa. El primer estado lo constituye la red corporativa antes de la aplicación de las políticas de calidad en el servicio de voz y la introducción de mejoras tecnológica, el segundo, ya una vez realizado todo el proceso de la presente investigación.

La evaluación del primer estado se realiza a partir de la utilización de la estadística descriptiva contándose con una muestra de 80 valores de retardo obtenidos y divididos en dos llamadas para una mejor comprensión. Ver Anexo 7.

Variable identificada: retardo.

Unidad de medida: tiempo, en milisegundos (ms).

Xi: punto medio o marcas de clases.

ni: frecuencia absoluta.

fi: frecuencia relativa.

Ni: frecuencia absoluta acumulada.

Fi: frecuencia relativa acumulada.

Llamada 1

Tabla de Frecuencia												
No.	**Xi**	**ni**	**fi**	**Ni**	**Fi**		**No.**	**Xi**	**ni**	**fi**	**Ni**	**Fi**
1	294	1	0.050	1	0.050		**14**	509	1	0.050	19	0.575

2	298	1	0.025	2	0.075		**15**	531	1	0.050	20	0.625
3	306	1	0.050	3	0.125		**16**	532	2	0.075	22	0.700
4	389	1	0.025	4	0.150		**17**	546	2	0.050	24	0.750
5	390	2	0.025	6	0.175		**18**	549	1	0.050	25	0.800
6	391	2	0.025	8	0.200		**19**	561	3	0.050	28	0.850
7	420	1	0.025	9	0.225		**20**	563	1	0.025	29	0.875
8	424	1	0.075	10	0.300		**21**	572	3	0.025	32	0.900
9	439	1	0.025	11	0.325		**22**	573	1	0.025	33	0.925
10	440	3	0.050	14	0.375		**23**	580	3	0.025	36	0.950
11	484	2	0.075	16	0.450		**24**	583	2	0.025	38	0.975
12	488	1	0.025	17	0.475		**25**	594	2	0.025	40	1.000
13	501	1	0.050	18	0.525							

Tabla 2.3. Tabla de frecuencias para la variable Retardo para llamada 1.

Con los resultados de la tabla anterior se puede establecer:

Límite inferior (LI): 294 ms. Límite superior (LS): 594 ms. Amplitud (Cj): 300 ms. Para la realización de un mejor estudio se procede a formar una tabla por cuatro intervalos.

Tabla por Intervalos					
Intervalos	**Xi**	**ni**	**fi**	**Ni**	**Fi**
[0 - 150)	75	0	0.000	0	0.000
[150 - 300)	225	2	0.050	2	0.050
[300 - 450)	375	12	0.300	14	0.350
[450 - 600)	-	26	0.650	40	1.000

Tabla 2.4. Tabla por intervalos para la variable Retardo para llamada 1.

En los datos anteriores se evidencia que existen 2 valores menores a 300 ms representado esto el 7,5% con respecto al total. Los restantes 38 valores representan un 92.5% de las mediciones obtenidas y exceden los 300 ms.

Cabe mencionar que no existen valores inferiores a 150 ms que pudieran categorizarse de "excelente", hay dos valores como "bueno" para un 5%, 12 valores como "malos" para un 30% y 26 valores en el rango de "inaceptable" constituyendo esto el 65% de la muestra de 40 mediciones obtenidas en la llamada 1. A continuación se muestra una gráfica donde se relacionan la cantidad de valores de retardo agrupados por los rangos de calidad en que se encuentran cada uno de ellos.

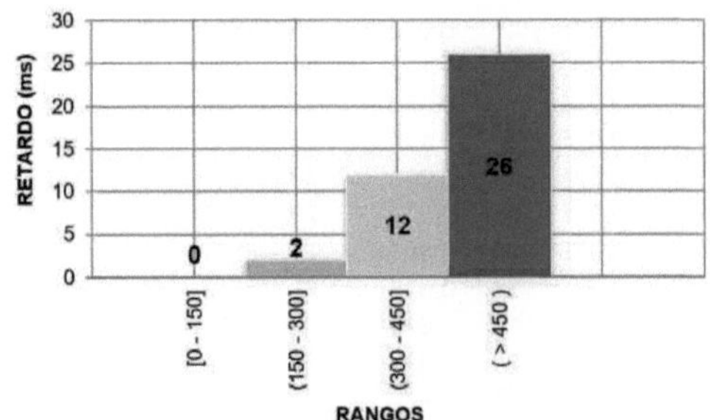

Figura 2.2. Histograma para llamada 1.

Calculando la media:

$$\overline{X} = \frac{1}{n}\left(\sum_{i-1}^{\ell} n_i\right) \qquad \overline{X} = \frac{19783\,ms}{40} \qquad \overline{X} = 494.6\,ms$$

Calculando la moda:

Mediciones		Xi	Mediciones		Xi
1	294	1	14	509	1
2	298	1	15	531	1
3	306	1	16	532	2
4	389	1	17	546	2
5	390	2	18	549	1
6	391	2	19	561	3
7	420	1	20	563	1
8	424	1	21	572	3
9	439	1	22	573	1
10	440	3	23	580	3
11	484	2	24	583	2
12	488	1	25	594	2
13	501	1			

Tabla 2.5. Tabla de mediciones y frecuencia absoluta (Xi) para llamada 1.

Existen 4 modas, siendo éstas:

Mo = 440 ms, Mo = 561 ms, Mo = 572 ms y Mo = 580 ms con una frecuencia absoluta de 3 cada una de ellas.

Calculando la mediana:

294	298	306	389	390	390	391	391	420	**424**	**439**	440	440	440	484	484	488	501	509	**531**
532	532	546	546	549	561	561	561	563	**572**	**572**	572	573	580	580	580	583	583	594	594

Tabla 2.6. Muestra ordenada de forma ascendente para llamada 1.

Me = 532 ms.

Cuartiles y percentiles:

C1 = (424 + 439) / 2 = 431.5 ms

C2 = (531 + 532) / 2 = 531.5 ms

C3 = (572 + 572) / 2 = 572 ms

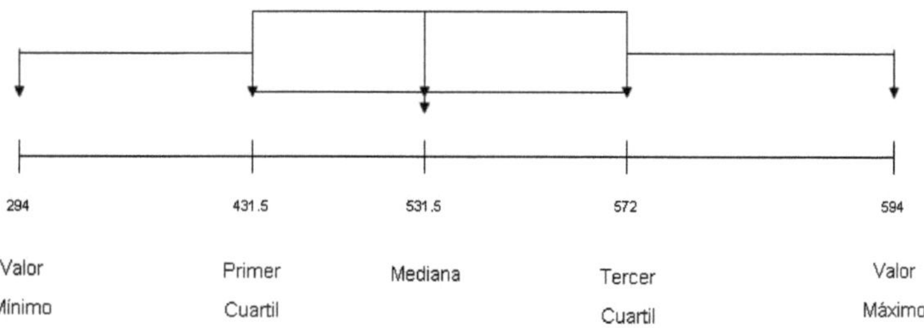

Figura 2.3. Diagrama de Caja para llamada 1.

El Rango, R = Xmáx - Xmín = 594 – 294 = 300 ms

Si se analizan los resultados arrojados por los elementos anteriormente calculados se concluye que la llamada 1 no cumple con las recomendaciones G.1010 Categorías de QoS para los usuarios de extremo de servicios multimedios, la que define un retardo menor a los 150 ms para una calidad excelente de la voz en conversación. Establece además, un rango entre 150 y 300 ms para calidad satisfactoria, entre 300 y 450 ms como mala y mayor a 450 ms como inaceptable. Lo anterior se afirma en consonancia a que existen 38 valores que representan el 92.5% de la muestra clasificados entre malo e inaceptable.

Llamada 2

Para la valoración de la Llamada 2 se realiza el mismo examen estadístico llevado a cabo para la llamada 1 con los resultados que a continuación se reflejan.

LI: 291 ms, LS: 621 ms, con una amplitud de 330 ms.

Tabla por Intervalos					
Intervalos	**Xi**	**ni**	**fi**	**Ni**	**Fi**
[0 - 150)	75	0	0.000	0	0.000
[150 - 300)	225	3	0.075	3	0.075
[300 - 450)	375	15	0.375	18	0.450
[450 - 600)	-	22	0.550	40	1.000

Tabla 2.7. Tabla por intervalos para la variable Retardo para llamada 2.

En los datos anteriores se aprecia que existen tres valores menores a 300 ms representado esto el 8% con respecto al total. Los restantes 37 valores representan un 92% de las mediciones obtenidas y exceden los 300 ms.

Es oportuno mencionar la no existencia de valores inferiores a 150 ms, tres valores como "bueno" para un 8%, 15 valores como "malos" para un 45% y 22 valores en el rango de "inaceptable" constituyendo esto el 47% de la muestra de 40 mediciones obtenidas en la llamada 2.

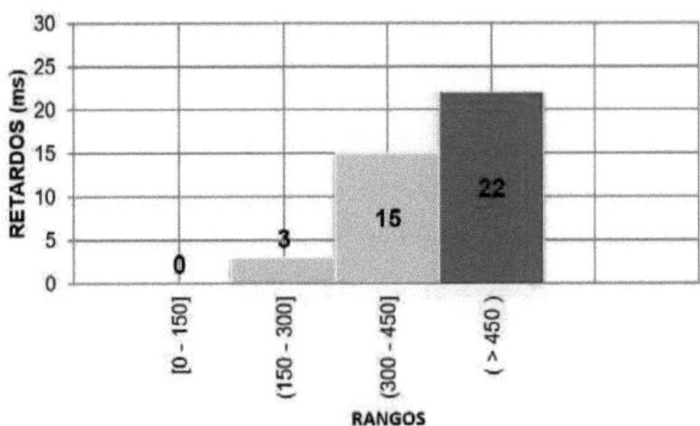

Figura 2.4. Histograma para llamada 2.

La media tiene un valor de $\overline{X} = 495.8\,ms$

Existen una moda, Mo = 579 ms con una frecuencia absoluta de 4. Con una mediana Me = 486 ms.

Cuartiles y percentiles:

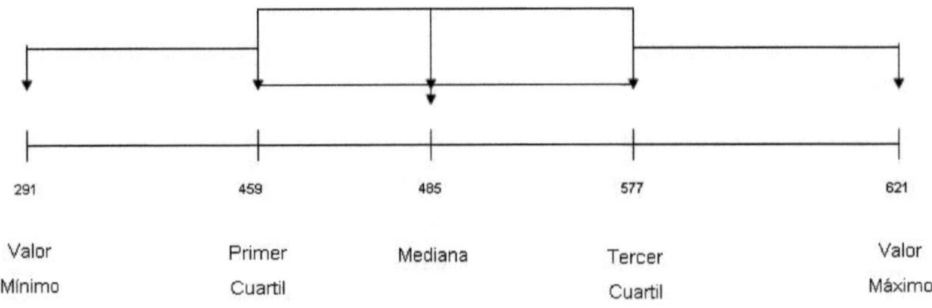

Figura 2.5. Diagrama de Caja para llamada 2.

El Rango es de 330 ms.

Si se analizan los resultados arrojados por los elementos anteriormente calculados se concluye que la llamada 2 al igual que la llamada 1 tampoco cumple con la recomendación G.1010 de la UIT. Lo anterior se afirma en conformidad a que existen 37 valores que representan el 93 % de la muestra catalogado entre malo e inaceptable.

No	Aspectos evaluados	Llamada 1	Llamada 2
1	LI	294 ms	291 ms
2	LS	594 ms	621 ms
3	[0 - 150]	0	0
4	(150 - 300]	2	3
5	(300 - 450]	12	15
6	(> 450)	26	22
7	Moda (Frecuencia)	440 ms, 561 ms, 572 ms, 580 ms (3)	579 ms (4)
8	Media	494.6 ms	495.8 ms
9	Mediana	532 ms	486 ms

Tabla 2.8. Comparativa entre los principales aspectos evaluados entre de las llamadas.

La evaluación del segundo estado, una vez aplicado todo el proceso de las políticas de calidad en el servicio de voz y las mejoras introducidas en los equipos tecnológicos se ha realizado con la misma perspectiva que en el estado precedente, contándose en este caso con una muestra de 160 llamadas efectuadas, todas de larga distancia mediante el servicio de voz de la red corporativa. Ver Anexo 7.

Seguidamente se muestra una gráfica con la relación del empleo del servicio de vos en los ocho primeros meses del año 2016.

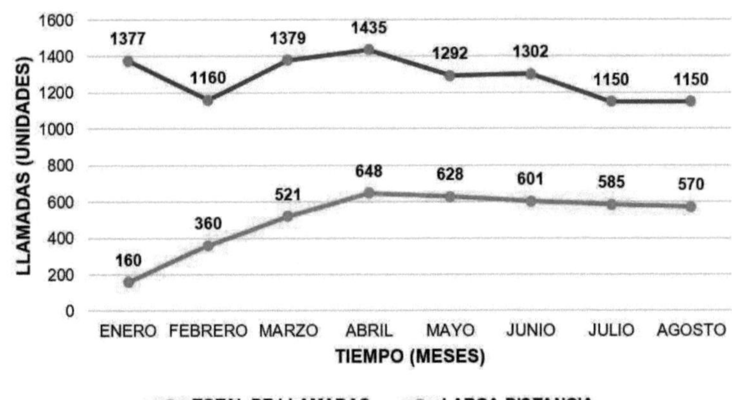

Figura 2.6. Utilización del servicio de voz en la red corporativa.

Muestra: 160 Llamadas.

Variable identificada: media de retardos.

Unidad de medida: tiempo, en milisegundos (ms).

La tabla de frecuencia se puede consultar en el Anexo 8.

Con los resultados de la tabla de frecuencia se puede establecer:

LI: 80 ms, LS: 307 ms, Amplitud: 227 ms. Para la realización de una mejor valoración se procede a formar una tabla por cuatro intervalos.

Tabla por Intervalos					
Intervalos	**Xi**	**ni**	**fi**	**Ni**	**Fi**
[0 - 150]	75	126	0.79	126	0.79
(150 - 300]	225	27	0.17	153	0.96
(300 - 450]	375	7	0.04	160	1.00
(> 450)	-	0	0.00	160	1.00

Tabla 2.9. Tabla por intervalos para la variable Retardo para las 160 llamadas.

En los datos anteriores se evidencia que existen 126 valores menores a 150 ms representado esto el 79% con respecto al total, 27 valores mayores a 150 ms y menores que 300 los cuales ocupan el 17% de la muestra, además, en el rango de 300 ms y 450 ms hay un 4% con siete valores y no existen valores que exceden los 450 ms. Lo anterior se traduce que el 79% de la muestra se categoriza de "excelente", como "bueno" se tiene un 17% y el 4% como "malos" de las 160 llamadas efectuadas.

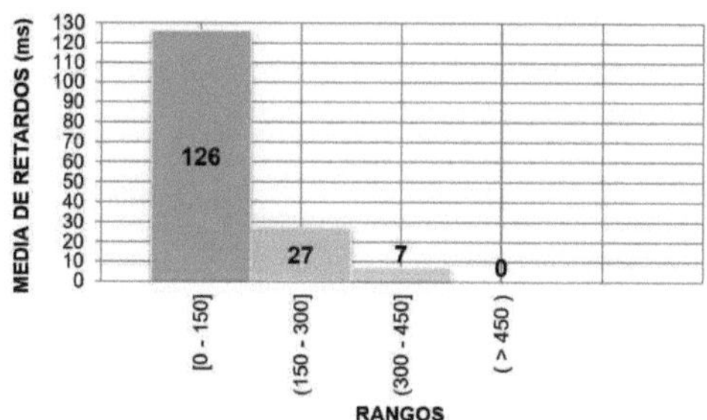

Figura 2.7. Histograma de las 160 llamadas.

Calculando la media:

$$\overline{X} = \frac{1}{n}\left(\sum_{i-1}^{\ell} n_i\right) \qquad \overline{X} = \frac{21567\,ms}{160} \qquad \overline{X} = 134.79\,ms$$

Existen tres modas, con valores de Mo_1 = 95 ms, Mo_2 = 103 ms y Mo_3 = 148 ms con una frecuencia absoluta de 5 cada una.

La mediana es Me = 132 ms.

Cuartiles y percentiles:

C_1 = (103 + 104) / 2 = 103.5 ms

C_2 = (129 + 132) / 2 = 130.5 ms

C_3 = (153 + 154) / 2 = 153.5 ms

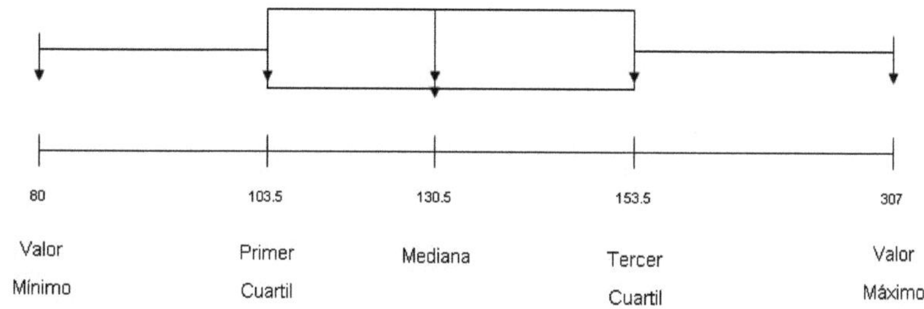

Figura 2.7. Diagrama de Caja para las 160 llamadas.

El Rango, $R = X_{máx} - X_{mín} = 307 - 80 = 227\ ms$

Si se analizan los resultados arrojados por los elementos anteriormente calculados se concluye que la muestra evaluada cumple con la recomendación G.1010. Se puede afirmar, de acuerdo a los resultados alcanzados, que el 96% de la muestra está acorde a los parámetros de calidad para ser clasificados entre excelente y satisfactorio.

No	Aspectos evaluados	160 Llamadas
1	LI	80 ms
2	LS	307 ms
3	[0 - 150]	126
4	(150 - 300]	27
5	(300 - 450]	7
6	(> 450)	0
7	Moda (Frecuencia)	95 ms, 103 ms, 148 ms (3)
8	Media	134.79 ms
9	Mediana	132 ms

Tabla 2.10. Resumen de los principales aspectos evaluados en las 160 llamadas.

En la Figura 2.8 se ilustra el comportamiento de la media en las muestras evaluadas.

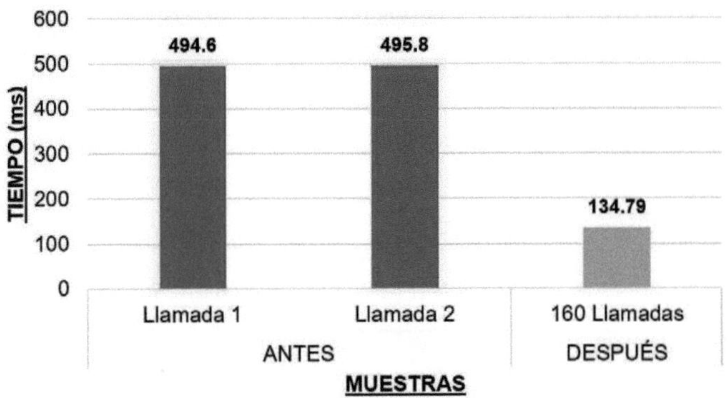

Figura 2.8. Comportamiento de la Media de la variable Retardo en las llamadas evaluadas.

Impacto económico

Otro aspecto de gran importancia a la hora de determinar situaciones y tomar decisiones por parte de la administración de la entidad desde el punto de vista económico, sin duda lo constituía el deterioro de indicadores económicos causados en gran medida por el gasto provocado por el excesivo uso de la telefonía fija en los enlaces de voz locales y larga distancia y a su vez la afectación que traía esto consigo al pago por resultado a trabajadores y directivos. El establecimiento de los enlaces de voz con una calidad de servicios satisfactorios afecta directamente el consumo (costo), particularmente las llamadas de larga distancia entre la dirección de la empresa y las UEB, por lo que en éstas reside el potencial ahorro que se ha logrado. Se tomó como caso de estudio los ocho primeros meses del año 2016, comparado con igual período del año anterior.

AÑO	E	F	M	A	M	J	J	A
2015	$687.81	$597.54	$847.24	$905.47	$905.94	$889.05	$720	$637.26
2016	464.07	432.56	528.58	665.96	682.75	484.05	650.5	461.53
Variación	-32.53%	-27.61%	-37.61%	-26.45%	-24.64%	-45.55%	-9.65%	-27.58%

Tabla 2.11. Composición de los costos en comunicaciones de la administración en el periodo evaluativo.

Como refleja la Tabla 2.11, se tiene una disminución de los costos por concepto de comunicaciones dado en gran medida por las mejoras introducidas en la calidad del servicio de voz en la red corporativa. Además, la tendencia es a continuar la disminución de estos costos a medida que los usuarios se habitúen a las facilidades de los nuevos servicios, como se expone en las gráficas que continúan.

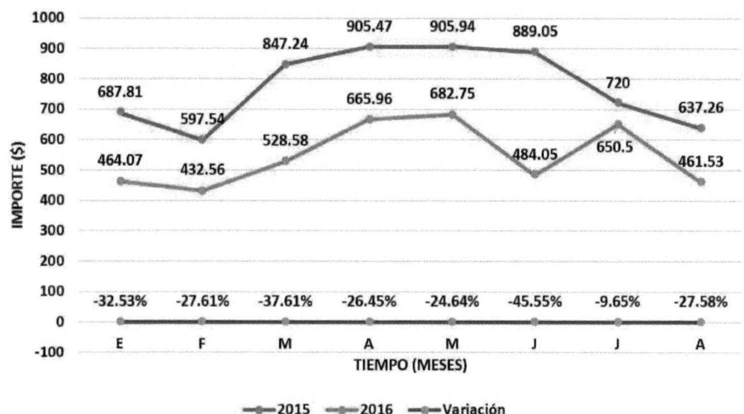

Figura 2.9. Comportamiento de los costos telefónicos.

Es oportuno valorar además de lo antes expuesto los costos en los que no se han incurrido gracias al empleo del servicio de voz en el período que se evalúa. Para realizar esta estimación se tiene la siguiente información:

Llamadas generadas de larga distancia a través de la red corporativa: 4073.

Total de minutos en conversación: 4371.

De las 4073 llamadas de larga distancia efectuadas 4021 (3747 min) fueron hacia La Habana y 52 (274 min) destino a Villa Clara. Si este tiempo de empleo de la red corporativa para los enlaces de voz se cuantifica monetariamente por las tarifas actuales para la telefonía fija establecidas por el proveedor ETECSA ($1.00 Habana y $0.75 Villa Clara) se tiene que el costo hubiese sido de $ 3952.50. Para otras valoraciones del empleo de los servicios de voz ver el Anexo 9.

La evaluación de los resultados mediante todo el análisis realizado ha evidenciado la existencia de calidad en el servicio de voz y un salto en el apoyo a la toma de decisiones para la administración de la empresa. Muestra de lo anterior lo constituye la generación de informes estadísticos por períodos del comportamiento del servicio de voz sobre IP facilitando la definición de estrategias en el empleo de la telefonía empresarial y su presupuesto. Por otro lado, el control, manejo y reducción de costos de comunicaciones, propiciando estabilidad en indicadores económicos. La oportuna entrega y recepción de la información son otros elementos sobre los cuales la administración ha tenido una mejoría, pues los informes y partes diarios de trabajos en ejecución y la situación de los trabajadores desde las UEB hacia la oficina central se realizan conforme a las indicaciones establecida en la entidad, siempre en tiempo y con la calidad requerida.

2.4 Conclusiones parciales

Con el establecimiento de nuevos valores de configuración en la red corporativa de SERTOD al realizar mejoras en la infraestructura tecnológica, aspecto que es señalado con fuerza en las principales normas del SGC, se logró emplear los servicios de telefonía VoIP en el entorno empresarial como una herramienta para facilitar la toma decisiones, pues los enlaces de voz con calidad brindan un acceso permanente a la consulta y la compartimentación de información mediante el establecimiento de llamadas telefónicas hacia los clientes internos en la red corporativa, todas ellas libres de costo. Además, permite regular y condicionar las salidas telefónicas hacia los clientes externos de la empresa, teniendo un control estricto de los gastos telefónicos, contribuyendo esto de manera positiva a la situación económica de la entidad y sus trabajadores.

De los aspectos abordados en este capítulo se puede concluir que:

- ✓ Se realizó una propuesta de mejora de la infraestructura tecnológica acorde a los requerimientos de calidad para la explotación de los servicios de voz sobre IP.
- ✓ Se definieron los parámetros de calidad de servicios de voz y los mecanismos para alcanzar el rendimiento deseado en la red corporativa de SERTOD que antes no existían.
- ✓ Se estructuró la gestión de los servicios de voz a través la PBX Virtual Asterisk mediante el empleo de los protocolos SIP e IAX2 mejorando esto la calidad de los enlaces de voz en la red corporativa.
- ✓ Se demostró la mejora de la calidad en los enlaces de voz mediante el impacto en las esferas de tecnológica y la económica.

CONCLUSIONES GENERALES

Como conclusiones generales de la presente investigación, se obtienen las siguientes ideas:

1. El estudio del servicio de voz en redes corporativas y los elementos que describen la calidad de servicios de los enlaces de voz permitió comprender el funcionamiento de la telefonía VoIP para una mejor aplicación de ésta en el entorno empresarial.
2. Lograr calidad en el servicio de voz definió un mayor aprovechamiento de las comunicaciones de la empresa, por consiguiente, un manejo a tiempo y más prolongado de la información, contribuyendo así a enriquecer el flujo de datos entre las direcciones de cada estructura empresarial y facilitar la toma de decisiones.
3. La administración de la entidad puede emplear la red corporativa para la realización de audio conferencias en los consejos de dirección ya que los servicios de voz están acorde a los parámetros de calidad requeridos.
4. Con las mejoras introducidas en la red se evidenció un impacto positivo ya que en la misma convergen la transmisión de datos y la telefonía, siendo la red más estable producto a la aplicación de parámetros de calidad de servicios.
5. La gestión de los enlaces de voz mediante la definición de servicios y privilegios a los clientes internos contribuyó de manera positiva a la situación económica de la entidad y sus trabajadores, lográndose un control estricto de los gastos telefónicos, además de brindar un acceso permanente a la consulta y la compartimentación de información mediante el establecimiento de llamadas telefónicas en la red corporativa, todas ellas libres de costo.

RECOMENDACIONES

Partiendo de los resultados de la presente investigación se recomienda:

1. Continuar con el estudio de parámetros de calidad para los enlaces de voz, con el objetivo de garantizar estabilidad de la red corporativa en caso de modificaciones futuras en su infraestructura tecnológica.
2. Iniciar estudios de los parámetros de calidad para los enlaces de video, para la realización de los consejos de dirección mediante las videoconferencias a través de la red corporativa SERTOD.
3. Sugerir a la administración la definición de cuotas de tiempo para la gestión y el control de los clientes internos que tienen acceso al establecimiento de enlaces de voz hacia el exterior de la red corporativa.
4. Proponer que se realice una valoración económica trimestralmente a partir del uso de los enlaces de voz a través de la red corporativa SERTOD y su comparación con el empleo de la red de telefonía tradicional, exponiendo estos resultados en el consejo de dirección del período.

BIBLIOGRAFÍA

AGUILAR, J. ANDRADA, M. NÚÑEZ, V. PEÑA, G. Y SCANDIZZO, P. (2004). *La calidad de servicio*. Facultad de Ciencias Económicas. Universidad de Buenos Aires.

FARREL, A. Y ZHENG, W. (2009). *Network Quality of Service*. Burlington: Morgan Kaufmann. Editorial Springer Science + Business Media, Inc.

BRAUN, T. DIAZ, M. GABEIRAS, J Y STAUB, T. (2008). *End-to-End Quality of Service Over Heterogeneous Networks*. Berlín. Alemania. Editorial Springer Science + Business Media, Inc.

CASAS HERNÁNDEZ, P. GUERRA VIDAL, D. Y IRIGARAY BAYARRES, I. (2005). *Calidad de servicio percibida en servicios de voz y video sobre IP*. Universidad de la República. República Oriental del Uruguay.

COHEN, D. (1999) *Sistemas de Información para la toma de decisiones*. (2da edición). México: Editorial McGraw – Hill.

CROSBY, P. (1996). *Reflexiones sobre Calidad: 295 máximas del gurú mundial de calidad.* Editorial McGraw – Hill. México.

HALLBERG, B. (2007) *Fundamentos de redes*. (4ta edición). México: Editorial McGraw – Hill.

Historia del VoIP. Disponible en http://voipex.blogspot.com/ [Consultado el 12 de julio de 2013].

HUAWEI TECHNOLOGIES CO. (2006). *VRP3.4 Operation Manual*. Shenzhen. China.

INVANCEVICH, J. M. (1997) *Gestión, calidad y competitividad.* Editorial McGraw – Hill. España.

JOSKOWICZ, J. (2004) *Redes Corporativas. Redes de Voz*. (Versión 04). Instituto de Ingeniería Eléctrica, Facultad de Ingeniería. Universidad de la República.

JURAN, J.M. (1991) *Manual de control de la calidad.* Editorial McGraw – Hill. España.

KUN I, P. (2005). *QoS In Packet Networks*. (Edición T.M.C.) Boston. USA.

LINARES, D. (2007). *Guía para la toma de decisiones en redes*. Tesis de Maestría en Teleinformática. Universidad de Mendoza, Facultad de Ingeniería. Argentina.

LAM, S. (2006). *Diseño y análisis financiero de la implementación de un Call Center con tecnología VoIP entre Ecuador y Estados Unidos*. Tesis de Mastería en Administración de Empresas. Universidad de Guayaquil, Facultad de Ciencias Administrativas. Ecuador.

NC ISO 9000. (2015). *Sistemas de gestión de la calidad - Fundamentos y vocabulario.* (3ra Edición).

NC ISO 9001. (2015). *Sistemas de gestión de la calidad – Requisitos.* (5ta Edición).

NC ISO 9004. (2009). *Gestión para el éxito sostenido de una Organización - Enfoque de gestión de la calidad*. (3ra Edición).

Orígenes y desarrollo. Disponible en http://blog.pucp.edu.pe/voip [Consultado el 12 de julio de 2013].

PINEDA, M. Y SOLORZANO, V. (2011). *Análisis comparativo entre alternativas libres y propietarias para la migración de telefonía tradicional a la telefonía IP, evaluación de las soluciones propuestas basada en la aplicación de un modelo ROI orientado a una pequeña y mediana institución financiera e implementación de un proyecto piloto en la cooperativa Coopera LTDA*. Tesis para la obtención de Título de Ingeniero en Sistemas. Universidad Politécnica Salesiana de Cuenca. Ecuador.

PONJUÁN, G. *Gestión de Información en las Organizaciones: Principios, conceptos y aplicaciones*. 1998. [Consultado el 25 de noviembre de 2014]. Disponible en: http://bibadm.ucla.edu.ve/cgiwin/bealex.exe?Acceso=T070600016782/0&Nombrebd=baducla

RAMÍREZ, J. Y GARCÍA, S. (2000). *Comunicación y Calidad en la Consultoría Gerencial y el Cambio Organizacional.* Ciudad de la Habana.

RODRÍGUEZ, K. *Gestión de la Información en las Organizaciones*, [Consultado el 25 de noviembre de 2014]. Disponible en: http://www.una.ac.cr/bibliotecologia/personal/KarlaR.pdf

ROSENBERG, J. SCHULZRINNE, H. CAMARILLO, G. PETERSON, J. JOHNSTON, A. Y SCHOOLER, E. (2002). *SIP: Session Initiation Protocol*. RFC 3261.

SALDAÑA, J. (2011). *Técnicas de optimización de parámetros de red para la mejora de la comunicación en servicios de tiempo real. Tesis de Doctorado en Tecnologías de la Información y Comunicaciones en Redes Móviles*. Universidad de Zaragoza. España.

SOTO, D. MORENO, J Y DIAZ, M. (2009). *Artículo sobre telefonía VoIP*. Universidad Dr. Rafael Belloso Chacín. Maracaibo. República Bolivariana de Venezuela.

SPENCER, M. CAPOUCH, B. GUY, E. MILLER, F. Y SHUMARD, K. (2010). *IAX: Inter-Asterisk eXchange Version* 2. [Consultado el 25 de noviembre de 2014]. Disponible en: http://tools.ietf.org/pdf/rfc5456.

STALLING, W. (2000). *Comunicación y Redes de Computadores*. (6ta Edición).

TSCHOHL, J. (2001) *E-service (Eat or be eaten). Speed, technology and price built around service*. (Edición en español). Service Institute Lantin America.

UIT-T. Recomendación E.800. *Definiciones de términos relativos a la calidad de servicio. Explotación general de la red, servicio telefónico, explotación del servicio y factores humanos*.

UIT-T. Recomendación E.802. *Marco y metodología para la determinación y la aplicación de parámetros de calidad de servicio. Explotación general de la red, servicio telefónico, explotación del servicio y factores humanos.*

UIT-T. Recomendación G.114. *Sistemas y medios de transmisión. Características generales de las conexiones y circuitos telefónicos Internacionales. Tiempo de transmisión en un sentido.*

UIT-T. Recomendación G.231. *Anexos A, B y C. Codificador de voz de doble velocidad para transmisión en comunicaciones multimedios a 5,3 y 6,3 kbit/s.*

UIT-T. Recomendación G.711. *Modulación por impulsos codificados (mic) de frecuencias vocales.*

UIT-T. Recomendación G.723.1. *Códec de voz de doble velocidad para la transmisión En comunicaciones multimedios a 5,3 y 6,3 kbit/s.*

UIT-T. Recomendación G.726. *Modulación por impulsos codificados diferencial adaptativa A 40, 32, 24, 16 kbit/s.*

UIT-T. Recomendación G.729. *Codificación de la voz a 8 kbit/s mediante predicción lineal con excitación por código algebraico de estructura conjugada.*

UIT-T. Recomendación G.1010. *Categorías de QoS para los usuarios de extremo de servicios multimedios. Sistemas y medios de transmisión, sistemas y redes digitales.*

UIT-T. Recomendación G.1020. *Definición de parámetros de calidad de funcionamiento para aplicaciones de voz y otras aplicaciones en la banda vocal que utilizan redes del protocolo Internet. Sistemas y medios de transmisión, sistemas y redes digitales.*

VIEGAS, E Y CORREA, F. (2007). *Asterisk desconsolado. Manual para administradores y usuarios.*

Voz sobre IP. [Consultado el 12 de julio de 2013]. Disponible en http://www.neoteo.com/voz-sobre-ip-voip.

ZEITHAML, V.A., PARASURAMAN, A. Y BERRY, L.L. (1993). *Calidad Total en la Gestión de Servicios.* Ediciones Díaz de Santos, S.A. Madrid. España.

GLOSARIO DE TERMINOS

ACL. Access control list/ listas de control de acceso.

ATA. Adaptador Telefónico Analógico, convierte una señal de VoIP en señal para un teléfono, fax, contestador, etc. Analógico.

Asterisk. Es un programa de software libre que proporciona funcionalidades de una central telefónica (PBX). Como cualquier PBX, se puede conectar un número determinado de teléfonos para hacer llamadas entre sí e incluso conectar a un proveedor de VoIP o bien a una RDSI tanto básicos como primarios.

CBS. Committed burst size /comportamiento en ráfaga suscrito.

CIR. Committed Information Rate / velocidad de información suscrita.

Codecs. Es la abreviatura de codificador - decodificador. Describe una especificación desarrollada en software, hardware o una combinación de ambos. Los códecs pueden codificar el flujo o la señal (a menudo para la transmisión, el almacenaje o el cifrado) y recuperarlo o descifrarlo del mismo modo para la reproducción o la manipulación en un formato más apropiado para estas operaciones.

dB o Decibelio. Unidad relativa empleada en acústica, electricidad, telecomunicaciones y otras especialidades para expresar la relación entre dos magnitudes: la magnitud que se estudia y una magnitud de referencia.

Digium. Empresa fundada por Mark Spencer el 8 de abril de 1977 desarrolladora de la PBX Virtual conocida como Asterisk. Además, produce las tarjetas de comunicaciones compatibles con Asterisk.

DS0. Señal digital de nivel 0.

E1. Es un formato de transmisión digital. Consta en 32 divisiones PCM de 64k cada una, lo cual hace un total de 30 líneas de teléfono normales más 2 canales de señalización, en cuanto a conmutación.

Ebs. Excess burst size.

FIFO. First In First Out / Orden de llegada.

FTP. Siglas en inglés de File Transfer Protocol (Protocolo de Transferencia de Archivos), es un protocolo de red para la transferencia de archivos entre sistemas conectados a una red TCP (Transmission Control Protocol), basado en la arquitectura cliente - servidor.

FXO. Foreign Exchange Office, en inglés, es un dispositivo de computador que permite conectar éste a la red telefónica conmutada y mediante un software especial, realizar y recibir llamadas de teléfono. Sirve sobre todo para implementar centralitas telefónicas (PBX) con un ordenador.

FXS. Sigla de Foreing Exchange Station es el conector en una central telefónica o en la pared de nuestro hogar, que permite conectar un teléfono analógico estándar

IP. Internet Protocol (Protocolo de Internet) o IP es un protocolo de comunicación de datos digitales clasificado funcionalmente en la capa de red según el modelo internacional OSI.

IVR. Respuesta de voz interactiva. Es un sistema automatizado de respuesta interactiva, orientado a entregar y/o capturar información a través del teléfono, permitiendo el acceso a servicios de información u otras operaciones.

Línea troncal. Es un enlace que interconecta las llamadas externas de una central telefónica, concentrando y unificando varias comunicaciones simultáneas en una sola señal para un transporte y transmisión a distancia más eficiente (generalmente digital) y poder establecer comunicaciones con otra central o una red entera de ellas.

Modem. Acrónimo de Modulación Demodulación, es el dispositivo que convierte las señales digitales en analógicas (modulación) y viceversa (demodulación), permitiendo la comunicación entre computadoras a través de la línea telefónica

OSI. Modelo de interconexión de sistemas abiertos, (en inglés, Open System Interconnection) es el modelo de red descriptivo, que fue creado por la Organización Internacional para la estandarización en el año 1980.

PBX. Un PBX o PABX (siglas en inglés de Private Branch Exchange y Private Automatic Branch Exchange para PABX) cuya traducción al español sería Ramal privado de conmutación automática, o más bien Central Secundaria Privada Automática; es en realidad cualquier central telefónica conectada directamente a la red pública de telefonía por medio de líneas troncales para gestionar además de las llamadas internas, las entrantes y salientes con autonomía sobre cualquier otra central telefónica.

PCI. Peripheral Component Interconnect (PCI, "Interconexión de Componentes Periféricos") es un bus de ordenador estándar para conectar dispositivos periféricos directamente a su placa base. Estos dispositivos pueden ser circuitos integrados ajustados en ésta o tarjetas de expansión que se ajustan en conectores.

PCM. La modulación por impulsos codificados es un procedimiento de modulación utilizado para transformar una señal analógica en una secuencia de bits (señal digital).

Pql. Priority queue list /lista de encolado por prioridad.

PSTN. Public Switched Telephone Network (Red Telefónica Pública Conmutada). Se define como el conjunto de elementos constituido por todos los medios de transmisión y conmutación necesarios para enlazar a voluntad dos equipos terminales mediante un circuito físico que se establece específicamente para la comunicación y que desaparece una vez que se ha completado la misma. Se trata por tanto, de una red de telecomunicaciones conmutada.

Router. Es un dispositivo que proporciona conectividad a nivel de red o nivel tres en el modelo OSI. Su función principal consiste en enviar o encaminar paquetes de datos de una red a otra, es decir, interconectar subredes.

RTP. Son las siglas de Real-time Transport Protocol (Protocolo de Transporte de Tiempo real). Es un protocolo de nivel de sesión utilizado para la transmisión de información en tiempo real, como por ejemplo audio y vídeo en una video-conferencia.

Segmentación. Es un método por el cual se consigue aumentar el rendimiento de algunos sistemas electrónicos digitales.

SCP. Punto del control de la sesión.

SS7. Sistema de señalización por canal común número 7 es un conjunto de protocolos de señalización telefónica empleado en la mayor parte de redes telefónicas mundiales. Su principal propósito es el establecimiento y finalización de llamadas

HTTP: HyperText Transfer Protocol.

STP. Punto de transferencia de la señal.

Switch. Es un dispositivo digital lógico de interconexión de redes de computadoras que opera en la capa de enlace de datos del modelo OSI.

T1. Es un estándar de entramado y señalización para transmisión digital de voz y datos basado en PCM ampliamente usado en telecomunicaciones.

TCP/IP. Protocolo de Control de Transmisión / Protocolo de Internet (Transmission Control Protocol/Internet Protocol): es el conjunto de protocolos que rigen todas las comunicaciones entre todas las computadoras en Internet.

TDM. La multiplexación por división de tiempo (Time Division Multiple Access o TDMA) es una técnica que permite la transmisión de señales digitales y cuya idea consiste en ocupar un canal (normalmente de gran capacidad) de transmisión a partir de distintas fuentes, de esta manera se logra un mejor aprovechamiento del medio de transmisión.

ToS. Type of Service / Tipo de servicio.

UDP. User Datagram Protocol (UDP) es un protocolo del nivel de transporte basado en el intercambio de datagramas (Encapsulado de capa 4 Modelo OSI)

UIT. Unión Internacional de Telecomunicaciones. Organismo especializado de Telecomunicaciones de la Organización de las Naciones Unidas encargado de regular las telecomunicaciones a nivel internacional entre las distintas administraciones y empresas operadoras.

VLAN. Red de área local virtual, es un método para crear redes lógicas independientes dentro de una misma red física.

ZAP. Protocolo que se utiliza para manejar el hardware conectado a la PBX Asterisk. Se utiliza para manejar los teléfonos analógicos.

ANEXOS

Anexo 1. Comparaciones de servidores PBX para enlaces de voz

No.	Elementos	Asterisk	Elastix	3Cx	PBX de Fabricantes
1	Instalación y configuración	Instalación personalizada de acuerdo a la solución, agrega componentes según sea necesario	Incorporados todos los módulos y componentes por defecto en la instalación	Incorporados todos los módulos y componentes por defecto en la instalación	Incorporados todos los módulos y componentes por defecto en la instalación
2	Rendimiento	Racionalización de recursos del sistema	Sacrificar recursos del sistema	Sacrificar recursos del sistema	Sacrificar recursos del sistema
3	Plataforma	Multiplataforma	Distribución de Linux (Software libre)	Windows (Propietario)	Propietario
4	Costo de Hardware	Hardware estándar adaptable a la solución	Hardware estándar adaptable a la solución	Hardware estándar adaptable a la solución	Hardware específico. El Hardware de una marca no funciona en otra marca. Altos precios
5	Modificaciones a nivel de Software	Acceso a código fuente	Acceso a código fuente	No	No
6	Administración	Permite gestión y personalización por parte del usuario	Permite gestión y personalización por parte del usuario	Sistema rígido y cerrado, sin personalización	Sistema rígido y cerrado, sin personalización
7	Precio	Gratis	Gratis	G ratis	Según equipamiento a instalar

Anexo 2. Diseño anterior del funcionamiento de la red corporativa

Anexo 3. Nuevo diseño del funcionamiento de la red corporativa

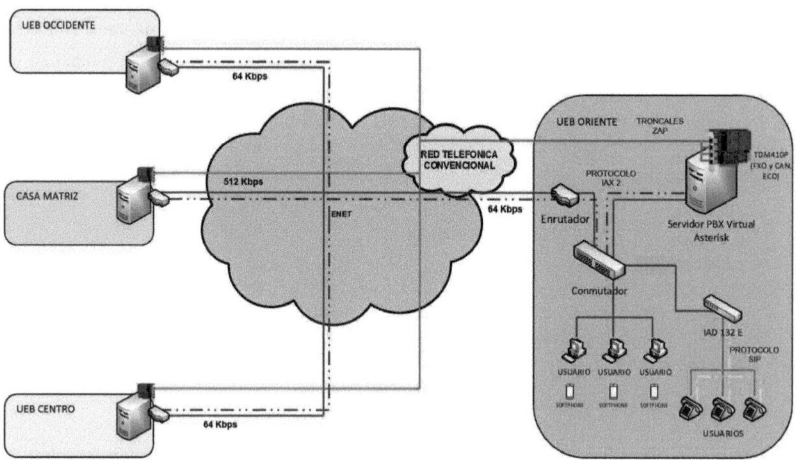

Anexo 4. Establecimiento de los parámetros de calidad del servicio de voz.

Parámetros de calidad del servicio de voz establecido en nodo principal

No	Comando	Observaciones
1	**acl number** 3999 **match-order config**	Se declara la ACL avanzada
2	**rule permit** IP **destination** XXX.XXX.XXX.XXX	Se define la regla para permitir que los paquetes coincidan con la ACL declarada hacia el destino definido (IP del servidor proxy de la red corporativa).
3	**qos gts acl** 3999 **cir** 32000 **cbs** 32000 **ebs** 0 **queue-length** 200	Se declara el conformador de tráfico y se aplica a todos los paquetes IP mediante la ACL declarada anteriormente. Se configura el tráfico a 64 Kbps y se define las ráfagas no sobrepasen este valor. Se define cero tolerancias a exceder el valor tráfico. Además, se establece el tamaño máximo del buffer de almacenamiento de la cola.
4	**qos pql** 1 **protocol** IP **udp** 4569 **queue** top	Se declara el EPP en particular de las 16 que pueden crearse, de las varias que pueden crearse. Se define, además, el protocolo a emplearse que es de transporte para los enlaces de voz y su puerto. Además, la prioridad de la cola.
5	**qos pql** 1 **queue** top **queue-length** 40	Se modifica el tamaño de la cola y se le asigna el nuevo valor. Por defecto *top* toma el valor 20, *middle* 40, *normal* 60 y *bottom* 80.
6	**qos pql** 1 **queue** bottom **queue-length** 100	
7	**mtu** 600	Se define le tamaño máximo de los paquetes. El valor por defecto es de 1500. En este caso se asignará 600 bytes por ser un enlace a 512 Kbps.

Parámetros de calidad de servicio de voz establecido en los nodos secundarios

No	Comando	Observaciones
1	**qos lr cir** 65536 **cbs** 65536 ebs 0	Se configura el tráfico a 64 Kbps y se define las ráfagas no sobrepasen este valor. Se define cero tolerancias a exceder el valor tráfico.
2	**qos pql** 1 **protocol** IP udp 4569 **queue** top	Se declara el EPP en particular de las 16 que pueden crearse, de las varias que pueden crearse. Se define, además, el protocolo a emplearse que es de transporte para los enlaces de voz y su puerto. Además, la prioridad de la cola.
3	**qos pql** 1 **default-queue** bottom	Se asigna el resto del tráfico, todo lo que no es enlace de voz, a la cola "bottom" por defecto.
4	**qos pql** 1 **queue** top **queue-length** 40	Se modifica el tamaño de la cola y se le asigna el nuevo valor. Por defecto *top* toma el valor 20, *middle* 40, *normal* 60 y *bottom* 80.
5	**qos pql** 1 **queue** bottom **queue-length** 100	
6	**mtu** 400	Se define le tamaño máximo de los paquetes. El valor por defecto es de 1500. En este caso se asignará 400 bytes por ser un enlace a 64 Kbps.

Anexo 5. Configuración IAD132 E

IAD_1>enable // se habilita el equipo para configurar.

IAD_1#configure Terminal // se entra en modo de configuración al equipo.

IAD_1(config)#ipaddress static **XXX.XXX.XXX.XXX** **XXX.XXX.XXX.XXX** **XXX.XXX.XXX.XXX** //se declara la dirección IP del equipo, la máscara de red y la puerta de enlace por defecto.

IAD_1(config)#sip server 0 address **XXX.XXX.XXX.XXX** // dirección ip del servidor SIP 0

IAD_1(config)#sip server 1 address **XXX.XXX.XXX.XXX** // dirección ip del servidor SIP 1

IAD_1(config)#sip digitmap xxxxx //esquema de numeración con cinco dígitos

IAD_1(config)#advanced // se pasa al modo de configuración avanzada

IAD_1(advanced-config)#dsp-ability g729 7 // se declaran los

IAD_1(advanced-config)#dsp-ability g723 6 // códecs que utiliza

IAD_1(advanced-config)#dsp-ability t38 6 // el IAD para la operación.

IAD_1(advanced-config)#rtp dtmf trans-mode 0

IAD_1(advanced-config)#rtp dtmf rfc2833-pt 98

IAD_1(advanced-config)#sip send-capability 2833 //

IAD_1(advanced-config)#exit

IAD_1(config)#sip user 0 id 23456 password test name test1 // se adicionan los usuarios sip

IAD_1(config)#write // se salva la configuración.

Anexo 6. Interfaz web para la gestión y control de los enlaces de voz mediante el servidor PBX Asterisk

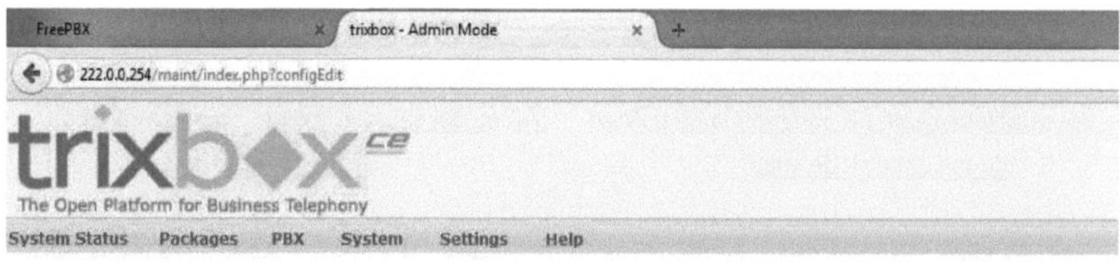

phpconfig for Asterisk PBX

/etc/asterisk /var/www/html/panel /etc /tftpboot Re-Read Configs

agents.conf
alarmreceiver.conf
applications.conf
asterisk.conf
backup.conf
cbmysql.conf
cdr.conf
cdr_mysql.conf
codecs.conf
dnsmgr.conf
dundi.conf
enum.conf
extconfig.conf
extensions.conf
extensions_additional.conf
extensions_custom.conf
extensions_hud.conf
extensions_override_freepbx.conf
features.conf
features_applicationmap_additional.conf
features_applicationmap_custom.conf
features_featuremap_additional.conf
features_featuremap_custom.conf
features_general_additional.conf
features_general_custom.conf
festival.conf
flite.conf
freepbx_featurecodes.conf
freepbx_module_admin.conf
globals_custom.conf
gtalk.conf

Anexo 7. Muestra de los valores obtenidos en las llamadas evaluadas en cada estado de la red corporativa

Llamada 1 (ms)

(Antes del establecimiento de parámetros de calidad de los enlaces de voz)

531	580	532	389	294
440	594	580	306	583
572	484	561	561	298
484	583	488	532	390
549	561	440	509	546
572	390	440	439	594
580	424	573	391	572
420	501	563	546	391

Llamada 2 (ms)

(Antes del establecimiento de parámetros de calidad de los enlaces de voz)

398	299	583	484	541
354	579	449	441	579
577	398	486	586	561
621	391	583	486	579
541	579	561	541	440
421	291	390	449	484
296	586	424	306	573
577	391	448	420	573

Valores de Media de Retardo (ms) de las 160 llamadas realizadas luego establecimiento de parámetros de calidad de los enlaces de voz

156	194	122	91	99	181	135	103	98	303	149	165	128	81	95	134
132	158	142	109	96	101	103	137	132	301	99	102	307	129	98	104
167	158	150	149	187	105	302	104	142	87	296	136	305	97	131	143
103	188	154	151	124	97	98	94	155	124	82	146	91	296	98	150
142	181	101	161	154	140	95	112	131	144	119	159	128	92	88	129
140	94	152	148	152	303	86	145	104	106	139	135	148	89	106	101
189	123	154	102	126	94	95	103	148	116	147	95	116	80	146	108
182	133	164	141	103	91	113	100	122	136	121	106	116	117	148	110
136	302	101	99	105	87	153	93	122	144	98	145	107	127	116	80
104	300	135	100	139	119	155	128	141	148	100	84	109	89	95	139

Anexo 8. Tabla de frecuencia de las 160 llamadas realizadas

Tabla de Frecuencia											
No.	Xi	ni	fi	Ni	Fi	No.	Xi	ni	fi	Ni	Fi
1	2	0.013	2	0.013	2	45	2	0.013	90	0.563	2
2	1	0.006	3	0.019	1	46	1	0.006	91	0.569	1
3	1	0.006	4	0.025	1	47	1	0.006	92	0.575	1
4	1	0.006	5	0.031	1	48	3	0.019	95	0.594	3
5	1	0.006	6	0.038	1	49	3	0.019	98	0.613	3
6	2	0.013	8	0.050	2	50	1	0.006	99	0.619	1
7	1	0.006	9	0.056	1	51	3	0.019	102	0.638	3
8	2	0.013	11	0.069	2	52	2	0.013	104	0.650	2
9	3	0.019	14	0.088	3	53	2	0.013	106	0.663	2
10	1	0.006	15	0.094	1	54	3	0.019	109	0.681	3
11	1	0.006	16	0.100	1	55	1	0.006	110	0.688	1
12	3	0.019	19	0.119	3	56	2	0.013	112	0.700	2
13	5	0.031	24	0.150	5	57	2	0.013	114	0.713	2
14	1	0.006	25	0.156	1	58	2	0.013	116	0.725	2
15	2	0.013	27	0.169	2	59	1	0.006	117	0.731	1
16	5	0.031	32	0.200	5	60	5	0.031	122	0.763	5
17	3	0.019	35	0.219	3	61	2	0.013	124	0.775	2
18	3	0.019	38	0.238	3	62	2	0.013	126	0.788	2
19	4	0.025	42	0.263	4	63	1	0.006	127	0.794	1
20	2	0.013	44	0.275	2	64	2	0.013	129	0.806	2
21	5	0.031	49	0.306	5	65	1	0.006	130	0.812	1
22	4	0.025	53	0.331	4	66	3	0.019	133	0.831	3
23	2	0.013	55	0.344	2	67	2	0.013	135	0.844	2
24	3	0.019	58	0.363	3	68	1	0.006	136	0.850	1
25	1	0.006	59	0.369	1	69	2	0.013	138	0.862	2
26	1	0.006	60	0.375	1	70	1	0.006	139	0.869	1
27	2	0.013	62	0.388	2	71	1	0.006	140	0.875	1
28	1	0.006	63	0.394	1	72	2	0.013	142	0.887	2
29	1	0.006	64	0.400	1	73	1	0.006	143	0.894	1
30	1	0.006	65	0.406	1	74	2	0.013	145	0.906	2
31	4	0.025	69	0.431	4	75	1	0.006	146	0.912	1
32	1	0.006	70	0.438	1	76	1	0.006	147	0.919	1
33	2	0.013	72	0.450	2	77	1	0.006	148	0.925	1
34	1	0.006	73	0.456	1	78	1	0.006	149	0.931	1
35	3	0.019	76	0.475	3	79	1	0.006	150	0.937	1
36	1	0.006	77	0.481	1	80	2	0.013	152	0.950	2
37	2	0.013	79	0.494	2	81	1	0.006	153	0.956	1
38	1	0.006	80	0.500	1	82	1	0.006	154	0.962	1
39	1	0.006	81	0.506	1	83	2	0.013	156	0.975	2
40	3	0.019	84	0.525	3	84	2	0.013	158	0.987	2
41	2	0.013	86	0.538	2	45	1	0.006	159	0.994	1
42	2	0.013	88	0.550	2	46	1	0.006	160	1.000	1

Anexo 9. Comportamiento de los enlaces de voz en la red corporativa

Total de minutos por meses

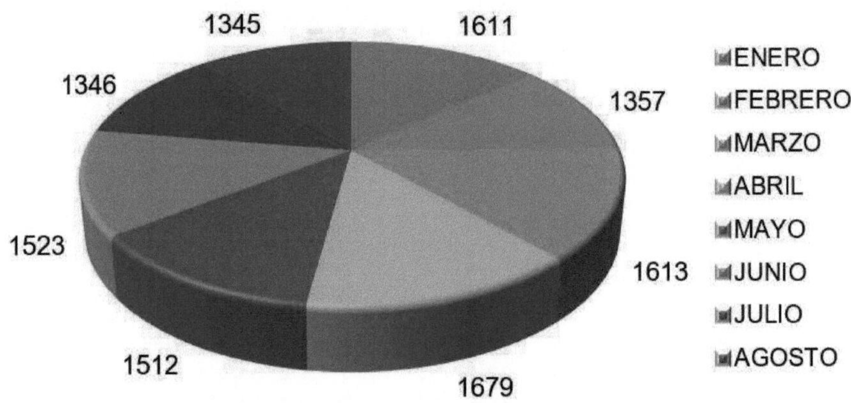

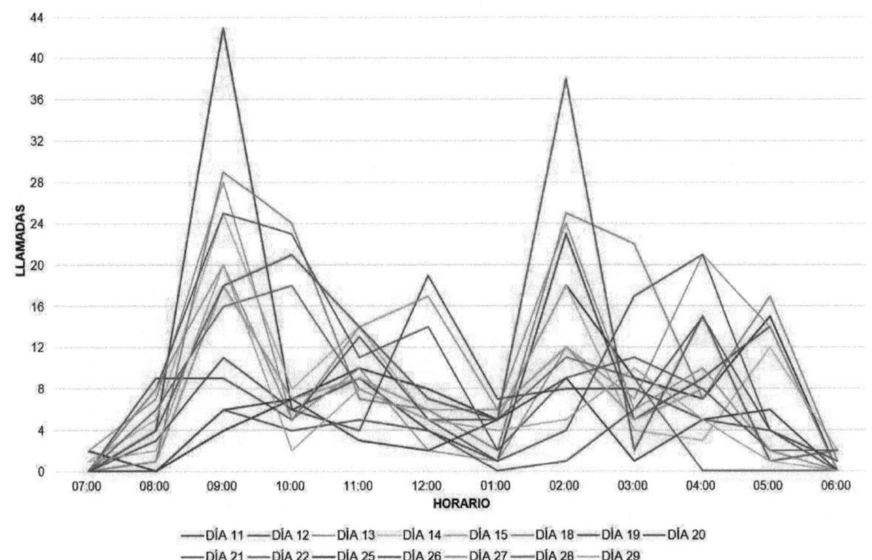

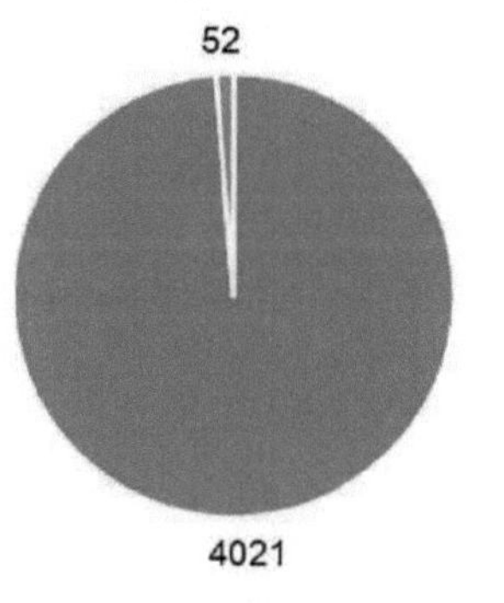
Llamadas de larga distancia a través de la red corporativa
52
4021
LD Holguín - Habana
LD Holguín - Villa Clara

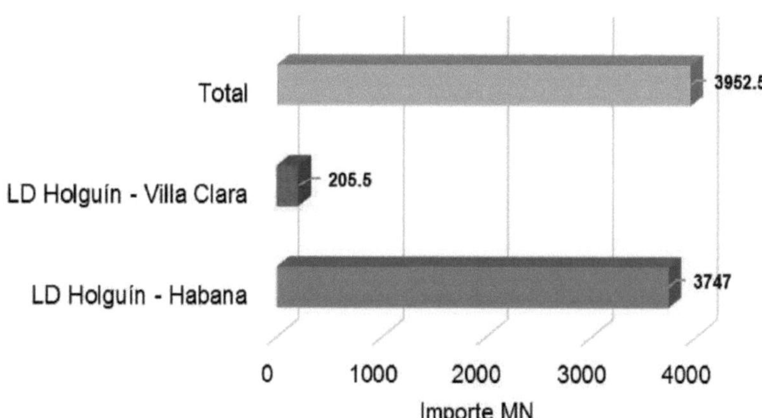
Costo de llamadas de larga distancia
Total
3952.5
LD Holguín - Villa Clara
205.5
LD Holguín - Habana
3747
0
1000
2000
3000
4000
Importe MN

Printed by Books on Demand GmbH, Norderstedt / Germany